叢書・ウニベルシタス　1030

世界戦争

ミシェル・セール
秋枝茂夫 訳

法政大学出版局

世界戦争　目次

序章

わたしの幼少年時代と青年時代には、五度から六度もの戦争があった。それは、わたしの人間形成と人生の門出に、深い傷をつけるものだった。身にまた心に受けたこの傷は、あまりにも長い間、血にまみれ疼くものだった。いまその頃の苦闘を思い返すにつけても、時として、その時の事実を凌ぐかと感ぜられるほどの、生々しくも鮮烈な激情に打たれる。わたしは、自分の見たことを、生きたことを、苦痛なまでに感じたことを、語ろうと思う。とはいえ、わたしはこれらのことを、いつも残酷なことと、意識していたわけではない。わたしは思索し、行動する。そして焼き印を押され、恐らく見捨てられて死ぬだろう。暴力と殺戮の後で。

第一日

　わたしたち世代の人口は、はなはだ少ない。わたしたちはただ、生まれるというチャンスを得て世に生まれた。前の世代の何百万もの人たちは、塹壕の修羅場のなかに、消えてしまった。一九一四年から一八年のことである、わたしの父は、ヴェルダンで毒ガス攻撃を受け、以後病身となった。無神論者であった父は、榴弾の炸裂するもと、ベルタ砲の砲声轟くなか、戦死者の死骸に囲まれた地獄のなかで、入信した。以後彼はこの頃のことを、まったく語ろうとしなかった。母の通った女学校では、結婚したのは彼女ひとりだった。他の友達はみな、教父や許婚の死に涙し、未来の友を奪われて、山と積まれた人肉の山を泣いた。その頃わたしが過ごしたガロンヌの川辺では、建ち並ぶ家並みを外れると、聞こえるものは、泣きわめく子供の声ばかり。並ぶ家々に残された若き寡婦、老いたる寡婦は、一人さみしく幽霊のように、黒衣につつまれ、音もなく足をはこぶ。町の周囲の畑は耕作放棄地となり、馬具も犂も納屋さえも、後継ぐ人なく残されていた。

　新たに電灯が輝き、華やいだパリ。文化の都、文学の、音楽の、シャンソンの、楽しき都と人は言った。しかし地方は、田園は、険しく顔をこわばらせ、畝ひく畑も押し黙っていた。若い農民たちは、ボロボロにちぎれた歩兵服につつまれ、地下に眠っていたのである。その上には、墓石が列をなし、並行して、見渡す限り続いていた。どちらが勝つだろうか？　もうわたしたちは絶対に、人を欺くこんな甘い問いには騙されない。勝利するなどという、自己陶酔には、騙されない。そうだパリは、大戦と言われる戦争に勝ち、それを祝うに溺れていた。一方フランスの人々は、その若者たちと男たちを、失ってしまっていた。この声なき人々の沈黙の声は、既に暴力を憎んでいた。古色蒼然たる政治を、歴史というものの狂おしいまでの残虐性を、憎んでいた。一九三九年の対決を拒否し、これ以上のあらゆる大量殺戮を避けようとした。人々は将来に続く平和のためにこそ、あの代償を、支払ったはずだった。

一九一四年の戦争は、未曾有の恐ろしき大量殺戮だったのだから。

わたしの幼少の頃の記憶は、一九三六年にさかのぼる。わたしの生地である南西フランスに、スペインから難民がなだれ込んできた。赤も白も混ざっていた。みな異口同音に、わたしたちの方言に近い言葉で、残虐行為や技をこらした拷問について語り、死骸、寒さ、飢えについて語った。子供心に、耐えられぬものだった。彼らに食べ物を与え、包帯をし、寝る場所を与え、仕事を見つけてやらねばならなかった。彼らの内戦は既に、わたしが何とか生まれずに済んだ、あの時代の戦争と同様の、残虐なものとなっていた。

スペインでのゲリラ戦は、恐るべき大量殺戮の段階に入っていたのだ。

それから幾月もたたぬうちに、岸辺を襲う津波のように、わたしたちのもとに難民の波がやってきた。アルザスから、ロレーヌから、ベルギーから、フランドルから、そしてパリから……。この波に呑み込まれたわたしたちの街の人口は、ただ三日間のうちに十倍となった。それはやまるを知らぬ、嘆きの大河だった。わたしは初めて、徹夜をした。八歳だった。幾夜も駅の近くで、荷物を運び、絆創膏を切り、毛布を積み、パンを運んだ。

わたしの家は水運業を営んでいて、別の川の岸にあった。そこには水しか流れていなかったが、軽傷者や飢えた人々でいっぱいだった。ここも寡婦たちとすすり泣きで、満ちていた。そのうちの一人の寡婦は、ドイツ軍の電撃戦のもとで父親とはぐれ、自分もわたしの部屋の階下のガレージで、死んだ。後には、ワロン人の幼い子供六人が残された。そのとき一番下の赤ん坊はまだ、母の乳房にすがりついていた。わたしの両親は、この子供たちを養子として引き取った。こうして彼らは、わたしの兄弟となった。

パリにおいて、また他の国々や大学あるいは新聞紙上において、歴史学者たちが第二次世界大戦と呼ぶものは、それ以来、わたしの頭の上を素通りするものとなった。わたしの幼い頭は、死と爆撃と、処刑と犠牲者のことで、割れるばかりだった。裏切りと嘘のことで、いっぱいだった。ゲシュタポの前を通れば、処刑される叫びが聞こえた。人々は何も知らなかった。ラジオは嘘ばかりついていた。歌わされるものは卑劣な歌ばかり。稀に会う旅行者は、恐ろしいことしか語らなかった。

十一歳の時である。政治のことは、まだ何もわからなかった。ある朝わたしは、高校の最上級生数人の死体を埋めることを、手伝わされた。彼らはその前夜、国道一一三号線を挟んで殺し合ったのである。一方は政府民兵として、いま一方はレジスタンスとしての戦いだった。フランスが解放されると、国内での熾烈な内戦が始まった。またしても、死者は野に満ち、街を埋めた。復讐のため背後から斬り殺されたもの。その多くは、抗争とは関わりのない人だった。やがてわたしたちはショアを知り、長崎、ドレスデン、広島を知る……。わたしたちは脱走兵を、ユダヤ人を、ジプシーを救った。しかし、大洪水のように厖大な死者の数をおもうと、わたしたちの行ったことは、けし粒にも及ばぬ小さなものではなかったか。

第二次世界大戦は始めから、自分のもとにいくつものイデオロギーを誘い寄せ、おぞましき大量殺戮を、行おうと決めていたのだ。

少年時代、高校では、空腹に悩まされた。ひもじさに苦しむ寄宿生は神秘主義者になった。もちろんそれは、この厭うべき苦しみから逃れるためであり、バラバラ死体に覆われたこの原野ではなく、せめて、それとは違う他の世界を信じたい、と思うからだった。わたしの父がヴェルダンで入信したように、同じ理由でわたしも入信すべきであった。死ぬまでわたしは、二つの深い傷を負うてゆく。この傷痕は人に見せるものではない。あの苦しみの傷、思えば涙を抑えられない。いま一つは、この苦しみから奇跡的に癒されたこと。わたしはこのことについて、常に感謝の念を、抱き続ける。

若者にとってのこの牢獄を、人は寄宿舎と呼ぶ。そこでわたしたちは、少なくとも肉体的には、囚人と同様の苦しみをなめてきた。

ここを出たわたしは海軍に入り、青年として、戦争に参加せねばならなかった。またしても。ナセルのスエズ運河国有化の際にはスエズ動乱に、そして最後の国外戦争として、アルジェリア戦争に、従軍した。

植民地戦争もまた、恐るべき殺戮であった。

わたしはメール・エル・ケビルで養成期間をやめ、海軍を離れた。大暴風に襲われ遭難した後のことである。この時わたしたちは二週間の間、海軍省において行方不明として扱われていた。しかしわたしたちは生き残った、わたしはこれを、わたしの生き残り時代の始まり、と呼んでいる。そうだ、それ以後のわたしの生は、生き残りの人生なのだ。

わたしの存在は、いまや平凡なものでしかない。この書の著者はいま読者に、自分のまったく当たり前な身体を、紹介せねばならぬ。わたしの踝、足の裏、ふくらはぎ、腿、ひかがみ、ひざがしら、性器、尻、胴全体、腰から肩甲部、臍と縦隔まで、上腕と手首、爪に至るまで、首、頭に残る髪、顔とその皺、皮膚と骨、筋肉とニューロン、すべてとあえて言う。わたしの外見で目に立つすべて、遠くから近くから、あなたがわたしの名で呼ぶすべてのもの、すべてこの存在は、戦争で作られたものなのだ。戦争により彫り刻まれた肉体と顔面、戦争を喰って育った獣、戦争の黒い記憶、戦争から受けた動作、感動、気持ち、戦争による飢えとすすり泣き、同情、哀願、同情、嗚咽、同情、とめどを知らぬ涙の雨。七十年このかた、わたしは泣いた。これからもわたしは、泣くことをやめぬ。

わたしはここに、我が涙の書を贈る。

つたいながれ、混ざりあい、ひろがり、散らされ、散りひろがり、ばらまかれ、わたしの体のはしばしにまで、振りまかれ。哀れむべきわたしの願いは、言葉もなく、内に力を秘めながら、つつましく、内に溢れ、力を抑え恥じ入るように、歓喜の内におどり出でて、わたしの心は平和の喜びで、いっぱいに満たされる。

ここにわたしは、自らの心の書を贈る。

とはいえわたしはこれらの告白をするにあたって、自称科学的な客観性を主張するつもりは、毛頭ない。それらの事々はわたしにとって、あまりにも苦悩に満ちたものだったので、理性をもってものを考えられるような、十分な冷静さを得るようになったのは、ずっと後のことだった。読者はそこここに、主観的な語りを見出されるだろう、わたし自身が意義深い考察と考えているもののなかに、正直に言って、わたしだけに限られた、相対的な、激情的な、わたしにしか通じないものを、見出すことだろう。そうだ、わたしは戦争を憎む。何を隠すことがあろうか。

ともあれ、つまるところわたしは、続く世代の人々に対して、何を伝えたいのか。それは、この経験に他ならない。その生きた内容は、書物のなかにあるのではない。戦争のないヨーロッパが突然出現し、人々を解放した。これは人類史のなかで、例外的なことではないか。道徳という人の道の続くなかで、何と恵みに満ちたことではなかろうか。

わたしはこれらの話を集め、ここに一書として贈りたい。

第二日

わたしの子らよ、孫たちよ。あなたたちは戦争を知らない。わたしの教える学生たちは、ホワイト・ハウスにジョージ・ブッシュ氏を選んだ。そしてやがては、バラク・オバマ氏を選ぶだろう。フランス大統領にはニコラ・サルコジ、イギリス首相にはトニー・ブレアについでゴードン・ブラウン、ドイツではアンジェラ・メルケル夫人、イタリアではベルルスコーニ、ロマノ・プロディ、スペインではアスナール、サパテロ……。

このリストは何を意味しているのか。少なくともわたしの知る限りでは、西欧の歴史において、他に見たことのない、奇妙な、類例のないこのリスト。かつては、その一生のうちに、自国の領土内で武力紛争を経験したことのない国家元首など、ありはしなかった。戦争に汚されたことのない国々の若い元首たちが、初めて一堂に居並ぶ素晴らしさ。初めて、平和の旗手が政権の座についたのである。

これらの若き指導者たちは、その前任者たちを過去と言わず最近までも悩ませた、ある種の重大条件を心得ることなく、政権の頂点についてしまった。ごく最近の例を見てみよう。ドイツの歴代首相、フランスではミッテランやシラク、イギリスではエリザベス女王など、みな戦争を知っていた。みな多かれ少なかれ、政治に携わる者としてだけでなく、軍事にも責任あるものとして、自らを律し行動してきた。戦争が国家を作り、国家が戦争を作る。これは、人類の歴史とともに古い、同語反復である。

賢明な読者はいとも容易に、先に挙げたリストのなかから、戦争をすることを決断したある無経験な若者たちを、挙げることができよう。事の推移が示している。彼らは自ら為すことの、何であるかを知らなかった。

その道に優れた歴史学者に、訊ねてみたいと思う。過去の時代いつでもよい。いまシェンゲン協定*1の内にあるヨーロッパで、六十年間のあいだ、国家がその国民を殺戮の場に送らなかったという時代があったかどうか。そういう六十年があったかどうかを、訊ねてみたい。

思い起こしてみよう。凱旋、勝利、神への讃歌、大聖堂の鐘の音、アレキサンダー大王、ジュリアス・シーザー、エパミノンダスとファラオ、旧約聖書士師記とアガメムノン、アキレウス、クレマンソー、プルタルコスの英雄たち、シャルルマーニュとロンスヴォのロラン、マキアヴェリの戦争論、ナポレオンとビスマルク、スターリンとヒトラー……。わたしたちの少年期、わたしたちの文化、より広く言えばわたしたちの記憶、いや、わたしたちのヒューマニズムそのものが、戦場におけるヒロイズム、殺戮に走る民衆、敵の敗走を伝える夕べのニュースというような、血を吸い続けて育ったものではなかったか。しかしその裏には、寡婦たちが泣き伏し、年寄りたちが祈りをささげる、墓があった。現代人は、戦闘というものをまったく知らない指導者たち、市民たちを目の前にして、まったくそれと気づいていない。これは西欧の歴史にとって、かつてないことである。辛苦の歴史が過ぎ去って、突然やってきた穏やかな時代！　そうだ、古き辛苦の時代のおかげ、わたしの時代のおかげで、あなたがたは穏やかな時代にいるのだ。

わたしはここで、独自の現代社会観を伝えたいと思う。

第三日

これからわたしの書き記すところは、思い出に限る、というわけにもゆかない。自分の思い出だけでは、珍しくもなく、子供じみていて英雄的なところがない。自己弁護にはなるが、わたしは、歴史に関する考察をしたいと思っている。とはいえわたし自身、この学問について十分な力を持っている、という自負はない。それは次のような理由のためである。

まず、わたし自身年を重ねて振り返ると、歴史自身が、その判断を変え、理論を変え、意見を変えるのを、幾たびも見てきた。大きな出来事、小さな出来事が、何回となくいや十回以上も、時には真反対に変わるのを見た。あれこれのイデオロギーが大学で支配的地位を占め、あるいはメディアでもてはやされた。とはいえわたしの知る限り、如何なる学問領域でも事は同じである。厳密な科学とて例外ではない。とはいえこのことは、真実の価値を損なうものではない。ただこの目まぐるしい変転のなかで、わたしは面喰ってしまう。その外にいることはできない。そしてさらに、人はすべてについて歴史を書き、事実、すべてについての歴史がある。この学問では、偽物造りというものが成立しない。真実についてのこの無規定な自由。わたしはここで、またしても方途を失ってしまう。

わたしの抱いているいま一つの困惑は、次のようなものである。わたしは数多くの抗争についての話をした。そしてそれに基づいて書かれた記事を読んだ。ところが、これらの記事はいずれも、わたしが記憶している様々な事柄について、何も語っていなかった。わたしの目から見ればこのことは、あたかも、これらの記事が語っていることをわたしが何一つおぼえていない、というかのようであった。ここに見られるのもまた、時間の流れのなかに割り込んでくる断絶である。真実を語ろうとするのを惑わせる断絶である。

わたしの非力、わたしの三つの困惑は、それとして脇に置いておこう。ともかく、物事いっさいの生成に伴う無数の躊躇、試行と錯誤こそ、すべての定義と解明とを、価値づけるものではなかろうか。いまここにわたしが伝えたいのは、歴史学者の書ではない。では歴史の証人の書を残そうというのかといえば、それでもない。わたしはここに、歴史資料を公表しようとしているのではない。

少し細かいことを話そう。われわれは新たなる建設の力、開発の力、破壊の力を得た。これらの力は、わたしたちの人数の増加と、わたしたちみなが古代から伝え持っていた暴力とに、結びついていた。これらの力は今日われわれを、予期せぬ方向、予期せぬ極へと引っ張ってゆこうとしている。われわれの知と技術の最近の有効性、その力は、人間の住むこの地球の運命に対峙し、これを変形しようとしている、この惑星の現状と生物たちの進化を変えようとしている。われわれはどこから来たのか？　この問いに答えるのが《大きな物語》（Grand Récit）であった。わたしがいま答えを求めているのは、あまり聞かれぬ問い、人間はどういう道を通ってゆくのか、という問いである、

この問いを終えるにあたり、われわれの現在という時期をはっきりさせておこう。われわれがいま生きている、この正確な決定的瞬間を、計算し、指示し記述しておこう。

いまここに、すべてを収斂させてみる。われわれの文化の歴史は千年紀をもって数え、ヒト科の生存は百万年紀、地球の物象と生命の進化は、それぞれ二十億年紀をもってする。われわれは未だにかくも新参者。地球の未来については、盲目である。

ここに十字路がある。わたしはこれについて述べてみたい。短い歴史のなかで開発されたわれわれの力。いまやそれは《世界》（Monde）に遍在し、《世界》に対して正面から押しかかり、《世界》の基本的均衡の持つ長い時間と、生物のゆっくりとした進化とを、引き離してしまう。合流するこれら二つの持続を、激しく巻き込みつつ、われわれの歴史の流れはそこで、われわれの人類進化（hominisation）の流れへと変化する。《世界》を変えることにより、われわれが変化する。四種類の時のこの短絡は、あるいはカタストロフィーを引き起こし、あるいはわれわれを、新たな人類再生[*2]（Hominescence）についての鋭い意識へと引っ張ってゆく。この希望、このわたしの希

望は、ユートピアと見えるかもしれない。ユートピアとは、空間の内に起りえぬことを指しているのだから。事実、モノは空間のなかに在り、互いをそれと認め合う。しかし、いまここで問題となっているのは時間である。時間のなかで、歴史の時間、人類進化の時間、種の進化の時間、地球の物象の時間が結ばれる。そしてその結び合わせは、予見できない。多機能を併せ持つこのような極は、現在に至るまで、存在しなかった。《世界》というものが存在して以来、これまでまったく現れなかった。この奇妙な現在においてわれわれは、それを知覚していない。

とはいえわれわれは新たに、これらリズムの異なる時間性を混ぜ合わせることのできる、四つの大きなチャンネルをもった交換機を創ることができた。歴史の流れはその速い水を、人類進化というより緩やかに流れる水に注ぐ。そして奇しくも、進化の流れ、宇宙生成の流れにもそれを注ぐ。今日われわれは、人間に、生命に、《世界》に面と向かって、生き、考え、行動する。古来より続くこの三つの抽象作業は、これらの時間のなかで具体化する。

われわれの行為、思考、企て、責任は、突然、息もつかせぬばかりの数々の活動の、時系列のなかに置かれた。その激しさに比べれば、政治‐メディアの舞台で喋喋されるニュースなど、無意味、古色蒼然、言うも愚かなものとなってしまう。いずれにせよ、このような次元、このような内包、このような強烈さを持った現実の内に、われわれはある。これとはあまりにもかけ離れた政治メディア舞台の出来事に、われわれは背を向ける。

ではわたしは、歴史について論ずればよいのか。いや、そうではない。今日われわれの負っている責任に照らしてみると、歴史の時間はあまりにも軽く、あまりにも短い。それゆえ、戦争と暴力の問題を考察するためには、現在という時代を計測し、その要点を描き出し、関係資料を精査せねばならない。これら資料との関連において、われわれの行動を方向付け、定義し、決断がなされねばならない。

歴史の時は、その速度を変えた。少なくとも、そのテンポを変えた。

第四日

現在多くのすぐれた論文のあるなかで、わたしの論文も、戦争についての明解な定義を、哲学者に対して与えるものでなければ、世の関心を呼ぶことはあるまい。戦争を如何に理解すべきか。それは、いつどこで出現したのか。なぜそれは、このようなものとなったのか。われわれの西欧文化において、遠く古代の昔から。まさにわれわれ西暦紀元の流れのなかで。

そしてさらに、戦争は遠からぬいつか、終わるのだろうか。人々がフランス革命の恐怖政治のもと、いみじくもテロリズムと呼びなしたものが、少しずつ取って代わろうとしている。その発生、その発達、その消滅は、法の観念と不可分のもののように見える。法は戦争の何たるかを明瞭かつ厳密に示す。そして、法の欠如がテロルを生む、と定義する。法の制度に示された如く、戦争は公式に宣告され、条約あるいは休戦の署名をもって終わる。一方テロリズムは、国家によるにせよ、党派あるいは個人によるにせよ、法の存在しない行動の集合として広がってゆく。

そのようなわけで、不本意な面も多々あり、『自然契約』[*3]と『悪そのもの』[*4]と重なる面もあるが、いま一つ法の哲学の書を提供することとする。

第五日

わたしがこの書を忠実に書き記すにあたり、その拠り所としたのは、わたしの経験と歴史だけではない。ホッブズ、ルソー、法哲学者たちからも、多くの示唆を受けた。またマキアヴェリ、ヴォバン[*5]、クラウゼヴィッツの特殊な論文からも、多くのものを得ている。けれどもこれらの論文よりも、さらに具体的かつ明瞭で、意義深くまた明解と思われるものがあった。それらの文は、時として想像に引きずられているところがあるけれども、簡単明瞭な語りのなかに、作者がより深く自分自身を投入しているものであった。それは、文学である。

ティトゥス・リウィウス[*6]と聖書の手引きにより、わたしは進んだ。古代ヘブライ、ギリシア、ローマに関しては、ホメロス、ヘロドトス、ギルガメッシュの叙事詩から多くを得た。しかし、もっとわれわれ自身に近いところでは、コルネイユの悲劇、『オラース』や『アッティラ』からも、得るところ多いものがあった。文学理論家からはしばしば負の評価を受けてはいるが、そこに見られる想像性は、哲学や歴史の多くの論文よりも、人類学的真実に向かって、しばしばより深い追究を行っているように思われた。わたしはかねてから思うのだが、物語に出てくる些細なことのほうが、概念を用いての思考よりも、よりよく、より多くを、解明しているように見える。年を重ね経験を積めば、文学の味わいと意味は、より深いものとなってくる。

これを読まれる読者には、どうか悪く思われぬよう願うのだが、わたしは折々、団体競技においてごく普通に見られる行動を、ものの引き合いに出すことがある。書かれ言われたことよりも、熱狂した観衆の叫びの方が、専門家のわからぬ解説よりもずっとよく、戦法や審判の真の姿を見せてくれる。

わたしはここに、世界の誰よりも胸を張って、アネクドートと、抜き書きと、怒声の込められた書を贈る。

第六日

わたしの語るところが、未来に向かって進むものでなかったなら、繰り返し言うが、何の興味も引かぬものであろう。歴史も、わたしの拙い回想も、わたしの哲学的、文学的、法律的な考察も、今日のため明日のために、事を決めようとするにあたって、役立つことを引き出すものでなかったなら、何の価値があるだろう。我ら何を為すべきか。これこそ、心すべき唯一の疑問である。

われわれはいま、危険な現実に立ち向かおうとしている。この数々の危険に対して、われわれはどんな決断をするのか、どのような行動をとるのか、どのような組織を作ろうというのか。そこで要求される物事に応えるために、われわれは何に頼るべきか。この現代人を苦しめる諸問題に対して、単純であり、局部的また相対的な、一つの答えを、提供しようと思う。哲学は、多少なりともそれが、未来を先取りするものでなかったなら、一顧の価値もない。われわれは未来に対して、責任がある。そしてわたしたちの、子に孫に対して。

こうしてわたしはここに、遺言の書を残す。

ここまでわたしは、視野を狭くとり、わたしに対し、わたしの生きた時代について、またわたしたちの次の世代について見てきたが、ここで視界を広げて見てみよう。それは数千年に及ぶ、戦争の法とテロリズムの無法との歴史を、わたしが先に《大きな物語》と名づけたもののなかに、部分として組み入れ、意味を持たせることである。この《大きな物語》の、長い流れのなかに置かれたわれわれは、注視の的となり、人類進化という責任を負ってゆかねばならぬのだ。

いま仮に、法というものが消滅し、戦争が無くなったとする。無法が支配し、世がテロリズムの内に投げ込まれたとする。われわれが、まったくの無保護の時代、黙示録（アポカリプス）の時代に入ったとする。救いはどこから来るのか。いったい、それはあるのか。

わたしはここに、ユートピアの書を贈る。あえて言えば、具体的なユートピアの書を。

誠に逆説的なことながら、それは一つの最終的暴力と定義される。それはわたしが世界戦争と呼ぶところの、暴力に対しての避けることのできない保護手段である。これのみがこの名に値する戦争である。人類がその出現以来《世界》に対して行った戦争、まさにわれわれが、速やかに正しく決着をつけねばならないものである。わたしが世界戦争と呼ぶものは、部族対立、国家対立、国内的対立、人間相互対立のなかでわれわれが直面する諸々の危険から、われわれを保護してくれるだろうか。《世界》に向かっての戦争は、人間対人間の戦争から、われわれを護ってくれるだろうか。船が沈もうというのに、船員たちはまだ争うのか。船を離れるためのボートがないというのに。わたしがユートピアというのは、このことである。

わたしはここ非常用脱出口に、航海用マニュアルを置く。

日曜日と祝日

しかしここでいま一度、わたし個人の書に立ち返ってみたい。この六日間は、怒りと自伝、歴史とヒトについての、混乱を極めた日々だった。そのなかでわたしは、非暴力を誓った。十八歳になる前に海軍学校に入ったわたしは、大砲と魚雷を前にして、軍籍を去った。いまここでそれにつき、一言述べて申し訳としたく思う。軍隊内において、射撃訓練の折にはいつもわたしは、完全な状態にある自分の武器に手を加え、故障を起こすよう細工をした。引き金を引いたことは、まったくなかった。アカデミー・フランセーズに選ばれてからも、帯剣を謝絶している。

戦争ゆえの決心、一旦心に決めた断念のゆえに、わたしは人に向かって拳を挙げたことは、まったくない。我が身を護るためにも、したことがない。というのも、わたしの目から見れば、身を護るというのは、相手を抑え込み、やがては相手を破壊し殺す口実、と見えるからである。わたしはあらゆる競争を嫌い、相手の勝つままにする。わたしは、権力を放棄する。力ずくの争いや論争をすることよりも、苦しみ耐えることを選ぶ。わたしは、人を傷つけない言葉を好む。

阿呆と見られても構わない。労働日と祝日とを、区別できないものでもよい。数少ない貴重な祝日を。

いくつもの異なる時間

これまで述べたところは、言ってみれば、破壊の一週間とそれに続く平和の祝日であった。そしてわたしは出来うる限りこの順序で、この書を書き進めるよう心がけた。雑然とまた混然とした文の運び、この著者の我儘を、ご寛恕いただけるよう願っている。ひとたびこう口にした以上、二言はない。この一週間は、混乱の持続の週であった。時には、逃げも隠れもできない自分のこの身体と魂を見つめ、時には広く、この《世界》の《大きな物語》、動物や人類進化の営みを見渡し、時には現代に密着して、わたしより優れた先人の語るところを聴いた。とはいえそこから常套的、抽象的と見られたものは、何ひとつ採らなかった。いろいろなものが組み合わされ、編み出され、組み込まれ、色づけされ、斑になる。一日一日のなかで、調子の違ういくつもの時間が絡み合う。しかしこれこそが、人生の時間そのもののように、わたしには思われる。これこそが、わたしの時間、あなたの時間、歴史の上に成り立つわたしたちの社会の時間。現実世界の、来るべき人類の時間であり、その呼吸なのだ。

この書のただ一つの主題——殺戮

わたしは戦争について論じてゆく。しかしここではその戦術上の事柄については、いっさい扱うつもりはない。戦術というのは、なかなか精巧に作られたものだが、その目指すところは所詮殺すことである。政治的・外交的面についても、述べることはない。一見品位がありそうに見えても、これまた殺人の前置きである。現実政策《レアル・ポリティク》や諸国間の力関係といった考察も、殺人に突入するためのもの。数多くのイデオロギーとて、殺人という行為に移行するための口実である。人が大量に殺し合う戦闘の模様など、言うまでもない。

ここでは大量殺戮のみについて論じることとする。

戦争とは、組織化された大量殺戮と定義される。まったくの同語反復である。その他の言葉、戦略、外交、理論、その他いたるところで用いられる美辞麗句は、すべて単なる美化であって、殺人を好み殺人に努める人類の歴史を、うずめ隠そうとする行為にすぎない。わたしの視点、わたしの関心、わたしの熱意は、紛争の真の固い核心すなわち大量殺戮、についてのみ語ることを目指している。

この壮大なる集団的死刑を、わたしたちは廃止したいと願っている。

一、動物とともに育ち、直立し、眼をもって観察したわれわれにとって、生き残るため、狩りするため、食を得るため、眠るため、また自分を護るための、普遍的かつ自然的法則は、「殺せ」だった。

二、のちに、普遍的意味を持つと思われる、ある聖なる教えに動かされて、人は生贄を「殺す」ようになる。

三、突然、まったく逆に、これまでのことを償うかのように、聖なる諸宗教、法、法廷、正義を前にして、人は言う。「汝殺すなかれ」。

四、しかしここでまた逆転がなされ、明らかにこれまでよりももっと広範に、われわれみながわれわれの集団から、殺人についての合法的許可を与えられる。「敵を殺せ」。しかも事はさらに悪い。われわれはこれを行うことを、義務づけられているのである。これに違反すれば、脱走あるいは卑怯として断罪される。しかし良いこともある。戦場の修羅場で、無数の殺戮がなされたのち、健康でありながら血の冷たい卑劣な老人たちが、生存者や負傷者たちに勲章を贈り、彼らを英雄と称賛する。殺すなかれという、神聖な義務からわれわれを引き離したのは、この集団のなかの如何なる法なのだろうか。集団は、どんな法を用いてわれわれを、野獣の状態に引き落としたのか。そこにどのような犯罪性があるのか。

五、市民社会の生活に戻ろう。またしても新たな最後の逆転が、われわれを「殺すなかれ」へと引張ってゆく。そしてその裏には、法に基づく刑罰が控えている。

これほど続くこのような矛盾のなかで、獲物を殺す動物たちの自然的状態に戻ることなく、敵を殺す軍人たちの法的状態に陥ることを避け、いったいどのようにしたら、殺さない人間になれるのか。

六、さらに言おう。戦争犯罪はどう定義されるのか。一方では戦争は犯罪を容認している。しかしまた一方でこの犯罪は、公判に付され、重い制裁を受けるべきものとされている。

七、なおまた良い例がある。いったい人道に対する罪とは何なのか。文化の過去を振り返ってみる限り、人類は、集団を作ってあの大量殺戮を、あるいは許し、あるいは禁ずるという、この矛盾のなかに明け暮れている。

殺すべきか、殺してはならぬのか。この書で問題とするところは、ここにある。

読者諸賢、この書を読まれる方々のうち、西欧に育ち、六十年来戦争を知らず、生きてこられた方々のうちに、殺すことを欲し、殺すことを好み、殺すことに何か喜びを見出し、何か誇りを感じ、何か名誉を見出す人は、果たしておられるものだろうか。

いずれにせよ、この書を読まれる友よ、殺してはならない。殺しをせぬあなたは、次の週、創造の週を生きることとなるだろう。

訳注

1 シェンゲン協定。一九八五年ベネルクス三国とフランス・ドイツは、フランス・ドイツとルクセンブルグの三国が一点で相接する土地、ルクセンブルグの街シェンゲンにおいて、ヨーロッパ史上画期的な協定を結んだ。この協定により、この五ヶ国の国民は、出入国の扱いなしに、これら五ヶ国を交通できるようになった。これは、いわゆる国境が、消滅したことを意味する。現在ヨーロッパ連合二八ヶ国が、この協定を結んでいる。

2 「人類再生」とした《Hominescence》は、セールの造語であり、著作のタイトルでもある。*Hominescence*, Le Pommier, 2001. 邦訳は『人類再生——ヒト進化の未来像』（米山親能訳、法政大学出版局、二〇〇六年）で、本書でもこれに倣う。また、この前に出てくる「人類進化」《hominisation》も前掲邦訳書に倣う。同書の一八頁および「訳者あとがき」を参照。

3 *Le Contrat naturel*, François Bourin, 1990. 邦訳は『自然契約』（及川馥・米山親能訳、法政大学出版局、一九九四年）。

4 *Le Mal propre*, Le Pommier, 2008.

5 Sébastien Le Prestre, Seigneur de Vauban (1633–1707). 当時の都市防衛、攻城戦の最高権威とされた。

6 Tite-Live (Titus Livius, 64 or 59 B.C.–17A.C.). 『ローマ史』の著者。ローマを讃美し、愛国的。セールはこの人物をたびたび論じており、特に『ローマ——定礎の書』（高尾謙史訳、法政大学出版局、一九九七年）は『ローマ史』をもとに書かれている。また後述のコルネイユの『オラース』は、『ローマ史』に登場する人物をもとしている。

第一章　乱闘

船員相手の波止場の酒場。ハンブルグでもブレストでも、ボルドーでもよい。イギリスの潜水艦が停泊している。乗員は既に上陸し、多くはもう六杯目のビールをちびり、バー「お情け錨」は盛り上がっている。ドックの向こう側には、旧ソ連の航空母艦が繋留されている。水兵たちは既に贋ウォッカでご機嫌である。イギリス水兵と肘を寄せ合い、おとなしくしている。いろいろな臭い、煙草の煙に空気はかすみ、耳の痛くなるような大雑音はこれでも音楽か。

ジョッキが一つひっくり返る。手が一振り髪をかすめ、押しつぶされる軍帽。誰が始めたのかわからない。しかしここで、悪魔が後押しする。リバプールで乗り組んだイギリス兵が、アルハンゲリスクから来たロシア兵にくってかかる。このロシア水兵はさっきからふらふらしていたが、自分から倒れてしまった。その途端、空母の飛行甲板に待機していたかのように飛び出すもの。倒れた同僚を支え、イギリス兵を手荒く突き飛ばした。今度はこちらが突き転がされ、吸いがらとごみ屑のなかに顔を突っ込んだ。これを見ていたボーンマス出の三人組が、スクラムを組んで、拳骨と膝で攻撃する。ロシア・ウクライナ側には、すぐさま四人のチェヴァシュ人が援軍に入る。五人のプロレスに六人のボクサーが加わり、十一人の喧嘩好きが揃った。さらに怒りにもえる赤毛が十二人、振り乱した金髪が十三人。間もなく、酒場全体の騒ぎとなった。椅子が投げられ、軍帽が飛ぶ。平手打ちの大きな音。投げ倒される者、喘ぐ声。あごから耳から流れる血。港湾警察が来るまで、騒ぎは続いた。警察は六台の護送車から降り立ち、警棒を巧みに使って、騒ぎをおさめた。すべてが元におさまった。海神の子分たちも、それぞれの巣穴に帰るだろう。

ヨーロッパ海軍の対潜水艦演習のため、この港に停泊しているフランス艦隊の護衛艦に勤務していたわたしは、折よく上陸しこの場に居合わせ、このバーの中程にいた。それでわたしは少し酔ってはいたが、事の始めから法的結末に至るまで、この壮大で劇的な出来事をフィルムに写すことができた。いまこの話を語るために、あなたの想像上のスクリーンに、ことの流れを映写してお見せしようと思う。ただし、流れの方向を逆にして。

そこには、別のシナリオが現れる。

始めは乱闘の場面。人は揃って後へ後へと下がる。実写フィルムでは、これは終わりの部分なのだが、いまは巻き戻しするので、ここが始めとなる。多くの水兵が現れ、それがみな後ずさりしている。最初は六十四人、次いで三十二人、次には十六人、その後、人は争いの場を離れ、バーの前の席に戻り、他人が争うのを、脇から眺め始める。先ほど興奮していた者が、満足そうに酒を飲み、次第に静かになり、やがて国際試合の得点を数え始める。数分経つと、他の者も、恐らく八人、喧嘩を離れ、静かに腰かけに座り、カウンターに肘をつき、物憂げに眠そうに、身体を崩す。みな同僚と一緒になって、わたしたちがいま架空のヴァーチャル・サロンで眺めているように、テーブルについて何か眺めている。

混乱した争いは、自分自身がさっきそこに出ていた大立ち回りとなり、時の経つにつれて小競り合いとなる。さらにフィルムは進み、四人芝居は三人劇となり、しまいには主役二人の対決となる。終わりの場面に出てくるのは、軍帽と、髪に手を触れられた人物。

いまこのフィルムは逆方向に回したのだから、フィルムの終わりは乱闘の始めの部分である。わたしはフィルムが終わりに近づくに従って映写速度を落としてみた。このような画面からどんなものが見えてくるのか、と思ったからである。三対三の抗争は、やがて二対二の争いとなり、ついには一対一の争いとなる。最後であり実は最初であった場面は、軍帽をきちんとかぶった、ハピーエンドだった。

第二章　大洪水

まず正方向、ついで逆方向から見られたこの二重の物語。その一部は正常な部分からなり、他の一部は奇跡を含んでいる。

第一の部分は平凡で、これに驚く人はいない。争いは些細なことから、いや実を言えば、何もなくても起こりうる。やがてそれはひとりでに大きくなり、何の妨げを受けることもなく、大きく成長する。些細なことがこのように大きくなってしまうのは、わたしたちがどこでも目にすることであって、自分でもやっている。家族のなかで、校庭で、公共の広場で、競技場の観客席で、選挙の折の紳士方の間でも、やくざの間でも、学者の会合や無学な者の集まりでも。このような争いは、太古はギルガメシュの武勲詩、ギリシア神話、ヒンドゥー神話。そしてわれわれの聖書のなかには、大洪水として現れる。この種の話は数々あるが、新しいものとしては、ジュール・ヴェルヌの『永遠のアダム』のなかで、惑星がそっくり水没してしまう、というものもある。

人間たちの悪行につくづく嫌悪を抱いたゼウスあるいはヤーヴェは、おぞましきこの人類を抹殺しようと決める。しかし、そのうちの僅かな一部を保存することにした。水位が上昇して野山を沈める。洪水は水の上に出ていた土地を覆い、やがて地球全体を覆う。方舟に乗り、乱れ騒ぐ人類の上に浮かんだ族長ノアは、身近に残った動物や親族を救う……。

蓄積された金銭の預け所、頂戴物の置き所。人間の住むこの世の中という大船は、創世記の冒頭から、その存在を否定されている。水の上にはただ、髪のそよ風が吹いている。何もない。誰もいない。この最初の大洪水は、すべてを根絶する。もはや動物はなく、植物はなく、女もいない。この第一の洪水を別の版で見てみよう。アガサ・クリスティの《そして誰もいなくなった》である。彼らは嵐のため、大陸から切り離された絶海の孤島に、打ち捨てられる。これは、地球の縮小モデルである。ところが彼らは喜びながら、互いに相手を抹殺する。もう何もなく、誰もいない。《世界》(le Monde) が再び現れるためには、第二の週が必要である。そしてそれこそが、創造の第一週となる。このかたちに倣い、わたしは序章のなかで、週日の後に日曜日、祝日を加えてみた。

三つの大きな定理が、われわれの暴力を司っている。殺戮の狂気は、何の理由もなく始まる。この狂気を遮る障壁は、無い。それは人類絶滅の脅威をもって、人を脅かす。われわれは自分自身の内に、言ってみれば無意識の内に、この太古からの恐怖を持っている。それは引力やエントロピーが、必然的なものとして《世界》を支配しているのと同じように、人間に対して冷酷なかたちで、蔓延するかのように見える。集団的なものは時として、客観的なものと同じような法として、支配するかに見える。

先の物語の第二部、すなわちわたしが逆戻しに映写した部分を、わたしは奇跡的なものと呼ぶ。それと言うのは、先にわたしが述べた三つの定理に反しているからである。それは自らの持つ必然性を逆転してしまっているからである。暴力の上昇を抑えることは、まったく難しい。先に挙げた二つの定理に服従せぬことは困難であって、そのため暴力的行動は永遠に続く。しかしながら、われわれが生存してゆくためには、これを転換する以外に途はない。

質問。ではそれを如何にして実現するのか。大洪水の水かさを下げる術を、誰が心得ているのか。まず答えを明かしておこう。それは港湾警察である。酒場の主人がこれ以上の損害を防ごうと通報する。それにより護送車で駆けつけた警察である。これは合法的暴力である。だからその前では乱暴者たちも、殴打の交換を早々にやめる。しかしこの解決は、質問を繰り返させるだけではないか。暴力を制止できるのは暴力だけである。われわれは、この問いと答えのイタチごっこを脱することができず、その問答の輪は拡大するばかりである。

事実としては確かに暴力、しかし法の上では合法的。この社会は警察に、この騒ぎをおさめる権限を与えている。すべての申し立てに対して、採決を与えることのできる正義は、一種の権力を持つ。これについては後にまた述べることとする。

ここでわたしは、自分の質問を繰り返す。すべてを呑み込もうとして人を脅かす、この大洪水。その水位を下げることができるのは誰か。

大洪水

その水の上に、一時身を置いてみよう。一羽の鳩が、オリーブの小枝を運んでくる。虹も現れて、神との契約、すなわち平和を告げる。創世紀が明らかに示しているように、この洪水は、暴力の極度の増大からきている。暴力の極大化について述べたクラウゼヴィッツは、別に何も新しいことを言っていない。このことは、太古の昔から書き記されているのだ。

ところで、鳥を知らせに送り、空に七色の虹をかけたのは誰なのか。難を逃れた人々には、それはエホヴァと見えた。「お情け錨」の乱闘をおさめるために、護送車六台の警官を送らせたのは、どんな通報だったのか。また、乱闘をおさめる警棒というものが無かったなら、この町内は、港は、街は、この国はどうなっていたのだろうか。

大洪水の比喩を、地球物理学的に考えてみてはどうだろう。駄目ということはあるまい。地球上の氷が解けて起こる海水面の上昇。あるいはさらに地震の結果、マルマラ海を挟んでボスフォロス海峡とダルダネルス海峡が閉ざされてしまう。一方、地中海は干上がったり満たされたり、干満を繰り返す。あるいはまた、伝染病と絡めてみてはどうか。伝染病のために、川といい、泉といい、飲用可能な水が、一切なくなってしまう。頭の良いごく少数の人々が、加熱した茶、ビール、発酵酒を作り出し、これを飲んで生き延びる。大洪水というものは、何も聖なる書物に限ったことではあるまい。

ここでわたしは、ピエール・コルネイユの悲劇『オラース』を取り上げてみる。この劇の第四幕、第五場においてカミーユは、つい先刻自分のフィアンセを殺してきたばかりの兄に対して、激しい罵声を浴びせかける。ただしこの殺人は、ローマのためにローマの名において、行われたものであって、正当な暴力により、合法的に行われたものだった。よく知られている彼女のこの呪いの言葉は、都市の権威の名において行われた、リンチの進行するなかで、暴力がエスカレートしてゆく度合いを、計量的に示している。

妹は復讐を叫びつつ、祈願する。
近隣諸国が挙って力を合わせ、未だ確かでないローマの土台を覆してしまえばいい！　イタリア全土でも不足ならば、東邦西国連なってローマに当たるがいい！　世界の涯《はて》の数百の国々が一致団結、ローマを倒さんがために、山河を越えて攻め寄せるがいい！[*1]

近隣、イタリア、オリエント、西欧、そして全世界の人々へと、加勢の呼びかけは止まるところを知らず、広げられる。ローマの都市が猛火の大洪水に没するまで。抗うことのできないこの高まり、そしてついに起こる氾濫をこれほど見事に描き出すことはできない。《*Urbi et orbi*》。[*2]永遠の都、世界に君臨する都、そしてその世界が抹殺される。

さらに面白いことに、と言ってよかろうか、コルネイユは、この同じ暴力の力学を、いま一つの悲劇のなかでも記述している。この悲劇は彼の最終作であって、優れた作品であるのに評価されていない『アッティラ』である。この作の構成と力学は、『オラース』と対称をなしている。人物の配置は、前作と同じく、厳密に幾何学的な五角形である。男たち、女たち、王、王女たちが、前作と同じ憎悪、恐怖、愛で結ばれている。ところがそこで違ってくるのが、暴力の扱いである。ローマの都が建てられ、近隣との争いがおさめられてゆくのとは逆に、フン族の暴君の爆発させた怒りのもと、暴力は究極まで推し進められる。

神罰の権化と呼ばれたこの王は、最後の幕で、大洪水のテーマとその変種について、次のように述べる。

神がその怒りを、この世に向けて投げるとき、神はそれぞれ異なる洪水、異なる破局を投げつける。その上《かみ》は、すべてが大波に呑み込まれ、大水の底に世界が沈んだ。しかし神の手の内には、火の洪水もあり、我が甥たちは、その餌食となろう。そしていま私の手もとで作られる雷《いかずち》は、血の大洪水によって、その土地を覆う。

カミーユが口火を切ったこの火の洪水を、いったい誰が止めることができるのか。その下にあるさらに水と血と火からなる三重の災禍、さらにその下には、アッティラにより繰り広げられた、神からの罰。誰がこれを止めることができるのか。神自身か。恐らくそうだろう。確かに、死はそれができるだろう。オラースは、妹が語り終わるや否や、これを殺す。アッティラは、鼻から血を流して息絶える。己の命の流れのなか、己のなかの血の洪水で、窒息する。

われわれは既に見た。ただ死と暴力のみが、暴力と死の増大を防ぐ障壁を作ることができる。

これは、答えというより、同語反復にすぎない。制動よりも、むしろ加速である。大洪水を制するに大洪水をもってする。しかし、他にどうしろと言うのか。こんな自己陶酔以外に、何か違った解決法はあるのか。

わたしは以前ゾラについて書いた本のなかで、『イリアッド』の第二十一の歌について長い分析をしたことがある。[*3] 例のように怒りに酔ったアキレウスは、黄色く赤く染まったクサンテの大河に襲いかかる。スカマンドルとも呼ばれるこの川は、彼の野蛮な手によって殺された死屍で溢れる。この川はアキレウスの命を危うくするまで増水し、水は彼の喉にまで達し、さすがのアキレウスも神々に哀願する。聖書のなかにあるように、彼も聖なるものに助けを求める。

この話はわたしにいま一つの話を思い出させる。それは第一次世界大戦後シベリアで、白衛軍とボルシェヴィキ軍との間で行われた戦いの話である。春になって、緯度の高い北国の大河も、氷が溶け始める。氷は冬の間、その青緑色の半透明あるいは不透明な塊のなかに、多くの死の秘密を隠してきた。氷から解き放されて浮かぶ死体は、あまりにも数多く、赤く汚れた水も見えぬほどだったという。子供時代にわたしはガロンヌ川で、このようなものを見たことがある。鰊が川を溯上してきた時のことだ。魚と魚がぶつかりあい、瀬は銀色に光り、背鰭は鋭く突き立ち、水の流れの速さもわからぬほどだった。このような大洪水、大混乱を思い返すと、いつもわたしは、われわれの父なるガロンヌ川の大洪水、その生々しい、身も心も揺るがすような、悲痛な苦しみを思い出す。そして、水運という家業の故に、身を賭して水と戦った思い出が甦ってくる。わたしは自らを、少なくとも二つの大洪水、水の洪水と血の洪水を、継ぐものと感じている。その一つは、激流逆巻く大河と戦う、わたしの愛する第一の家業。そしていま一つ、寄ってたかってわたしを鍛えた、現代人の行うすべての抗争。増水で溢れる川縁に、これまた溢れる避難民の波。その後わたしは、地上のすべてをなぎ倒す地震、壮大な火山噴火に、幾度も遭遇したので、アッティラの経験した三重の災禍を、三つながら、みな体験したことになる。わたしがこれを言うのは、わたしが単に神話や類書の引用をしているだけではないことを、知っていただきたいからである。わたしの語るところは、わたし自身、身をもってした体験により知りえたものだ、ということになる。

『イリアッド』は、残虐な場面と誇張された武勇談で幕を閉じた。もはやそこでは、ユリシーズとても、ノアの例にならって忠実な水夫とともに、いくばくかの食糧を蓄えて、船出するしかなかったかにみえる。大洪水が創世紀の続きであるように、『オデッセイ』は『イリアッド』を延長する。残虐なトロイ戦争の生き残り、イタカの水夫たちは、終わりなき暴力である水の上に、浮かぶ。地中海の水の上とはいえ、いまでも恐ろしい暴力はある。ことに冬は恐ろしい。わたしはそれを体験し、記憶している。

殺人が《世界》を侵略する時には、逆上したアキレウスたちが剣を手に、人間をこの世界を支配する時には、ペストがフィレンツェを殺す時には、そうとなればこちらも、大船に避難し、あるいは方舟を作りそれに乗り、新たに出現した大海に漂う。あるいはまた、水没を免れたわずかな高みに園を見つけ、誰とも知らぬ人々と長々と身の上話など交わすかもしれない。例えば、船が難破し、辿り着いた小島で、身に残ったぼろぼろの衣服のまま歩いてゆくと、供の乙女たちとボール遊びに興ずるナウシカを見つけた、等々。

わたしと弟はいつものように、うまく抜け出して、水没を免れ、小さな高みに登り、そこで静かにフットボールをする。学校は休みである。戦争の恐ろしさなど耳にすることなく、穏やかな兄弟愛のなかで、殴りっこもおとなしい遊びに置き換えられる。こんなわたしたちを哀れとみるような、そんなナウシカがいるかもしれない。

歴史

これまでわたしは神話につき、過去の思い出につき、演劇《テアトル》について語ってきたが、わかっていただけただろうか。何ゆえわたしは、戦域《テアトル》という言葉に触れようとしないのか。歴史学者たち、ジャーナリストたちが用いているこの言葉、真面目な意味を持つ言葉のなかで最も滑稽なこの言葉に。

ブーヴィヌの戦い。ヴォバンが指揮した幾つもの攻城戦。その死屍の山のなかで、彼は失われる人命の数を、節約しようと試みた。言うまでもなく、傭兵というものが、あまりにも高くつくものだったからである。その後ジョン・ローは、経済的見地から、兵隊を買い取ることを提案した。高い費用をかけて、戦闘で殺人をさせるより、その方が安価だという。あるいはまた、人がレースの戦争と嘲笑した戦い[*4]のほうがよい、というのである。ブーヴィヌ、ヴォバン、ヴァルミーにおける革命戦争の大量戦死、またナポレオンの自称天才的勝利に至るまで、大量戦死は続く。ボナパルト自身、死骸が散乱し、負傷者が呻く戦野を訪れ、笑いながら言ったという。「これ」はパリの一夜で償える、と。この嫌悪の極というべき殺戮は、さらにソルフェリーノの戦いに続く。この戦いの残した死骸四万の腐臭を前にしては、わたしなら、嘔吐してしまうに違いない。しかしこれに対してアンリ・デュナンは、赤十字社を設立した。けれどもその後、何があったのか。殺戮される人の数は、大きく増すばかり。その昔幾十と数えたものが、いまや幾十万に及んでいる。ところがそこに機関銃が現れ、空爆が、原子兵器が登場する。世界で最も合理的な最近の算定によれば、諸々のイデオロギーに由来する、この大きな数値増大を合わせ数える時、その数は億を超えるものではなかろうか。ともあれ死者増大の数値は、世界の人口増加により埋め合わせする他はない。

さて大洪水は神話の仮面をかなぐり捨てて、そのまま人体に破滅をもたらす現実となる。それは客観的現実として、起こった。国々の最も優れた文化人、学者、芸術家、ヒューマニストたちが、集団としてこれに加わった。学術的に最も優れた研究者たちが、ノーベル賞受賞者にふさわしく、しかも大きな死をもたらす偉業を、そこで達成する。

ところでわたしは、主体としてそこを生き延びた。そうだ。荒れ狂うこの洪水の大渦巻きのなかで、幼い愛の楽園を、地獄のように過ごした。ガロンヌ川の洪水には、人の血のような、褐色の水も、流れていた。わたしにはそれは、赤く見えた。

もちろん、わたしたちは信じていた。戦闘とは、第一線の兵士たちの関わるものと。しかし永遠不滅の魔女セイレンたちは、この契約はルソーの時代すなわち先史時代からあるものと言い、わたしたちを説得した。ルソーは市民たちが戦争で殺されることを、欲していなかった。ロンドン、カーン、クレルモン＝フェラン、ブレスト、ドレスデンと長崎では、軍服を着けていなかったという理由で、市民を罰した。わたしはさらに強調したい。ジャン＝ジャックは既に言っている。兵士といえども、武器を持たぬ者は殺してはならぬ、と。都市の残骸はこなごなに崩れ、兵士と市民を分ける一線は、はるか後方に後退した。水かさ増した洪水は、新兵たちを攻めはしない。護るすべを知らず力もない、老人、子供、女たちがそこに呑み込まれてゆく。

兵器は成長する。それはますます強力なものとなり、先に挙げたような、大量破壊に達する。

戦闘員は強力になり、その数もますます増大する。戦闘の場も拡大し、それはやがて、星にまで達すると言う。何たる自慢話だろう。戦闘活動のこの遠距離化は、人間の将来計画の本質を見せてくれる。これに関わる市民も増える。これに対して何の備えもない、罪なき人の数も増える。その増大は全体に及び、あまりにも多様である。けれども大洪水は、そのすべてを押し流す。聖書は、わたしが生き体験したことを、余すところなく完全に語っている。歴史は語るが、それは弱い。伝統、神話、宣教の語るところは、正確であり、かつ奥深い。それは夜明けの始めから、われわれのまだ薄暗い人類学に、明るい光を送っている。

闘争と代表制

ところでわたしが、自分で撮影したフィルムを逆戻しに映写した時、二つの結果が得られた。ところがその時わたしは、この二つがどれほど内的に結びついているものか、知らなかった。第一の結果は、闘争する人数の減少である。それは三十から二十となり、ついで三から二となる。ところでいったい、その他の人間はどうしていたのか。彼らはそれぞれの席に着き、ビールやウォッカを呑み試合の場にいる者たちの、戦いぶりを見ていた。彼らは闘争に、敵味方の遭遇に、試合に立ち会う。早い話が代表の働きぶりを見ていたのだ。

大水が引き、水位が下がり、暴力の熱が冷めると、何たることか、見世物《スペクタクル》が生まれる。これが悲劇の始原である。ニーチェはこれを探し求めたが、得られなかった。暴力が最低水準に近づき、闘争するものの数が減少する時、代表による決着が行われるようになる。それがカタルシスになる、浄化になるといっても、所詮同語反復である。さらに言えば、かたやロシアの空母、かたやイギリスの潜水艦という、それぞれの乗組員を代表している。代表者は、代表としての働きをする。ここには二重の益がある。まず戦いの進みが遅くなり、ついで劇場《テアトル》が現れる。作戦の舞台とはよく言ったものである。

わたしがコルネイユの悲劇にこだわってきたのは、このような理由のためである。

暴力の激化を放置するか、あるいはその増大を抑えるか、それが問題である。これに対していまわたしは、一つのカラクリによって答えるに留めておく。動画を撮影し、それを逆回しに映写すること。しかしここでさらに疑問が生じる。この激化の動きを逆転させる暴力を、権威を、持っているのは、誰なのか、何なのか。

いまの場合わたしは、聖なるものとしか言いようがない。聖書、ローマ、ギリシア、インド、アッカドの神話においては、聖なるものである。となると、どんな奇跡が、暴力を抑えることができるのか。そのような詮索はすべきでない、ということなのか。

しかし宗教の領域に入る前に、わたしは一つの仮説を立ててみた。わたしが知りえたすべての集団、社会において、その始原の歴史は、まさに、逆方向に始まっている、と。さらにあえて言えば、始原の歴史は逆方向にしか始まらないのだ。

ゲーリュオーンの牛

もう数十年前になるが、ローマの国の歴史について本〔邦訳『ローマ——定礎の書』〕を書いていたわたしは、愚かしいことながら、一人の盗人の話につまずいた。ヘラクレスがゲーリュオーンという人物から盗み取った牛を、カークスという盗人がさらに盗み取った、という話である。盗人はその牛の見事さに、見惚れてしまう。一方ヘラクレスは、疲れ切って草の茂みのなかで、いびきをかいている。彼の武器である棍棒も、傍らで微睡む有様。これを見て牧人のカークスは、群れのうちの最も立派な牛を数頭、自分の洞穴に追い込んだ。ところがその時、奸知に長けた彼は、尾を掴んで牛を引き込み、牛の足跡が逆方向に向かって行ったように見せかけて、追手を欺くことに成功した。そこで質問である。狼、ヴェスタルの乙女たち、諸王たち、と続くローマ神話の系譜のなかで、この泥棒の話は何の役を果たしているのか。わたしは今日初めて、その答えを見出した。それはまさに、大きな歴史の流れのなかで神話が果たす役目、壮大華麗な歴史のなかの一場面で、小さな話が語ること。それは、そこに真実を嵌め込むことなのだ！

この他愛のない話が伝えているのは、他でもない。洞穴に入るためには、すなわち始原という不可思議な暗闇に入るため、ブラック・ボックスに入るためには、後ずさりして入るがよい、ということだ。足跡は穴に入ってゆくのか。いや違う。足跡は、穴から出てゆくようについている。逆方向に。二十年経ってわたしは、水兵たちの話に思い当った。それによって、始原を探し求める時は、方向を逆にすることが必要である、ということを理解した。一つの集団が形成される時には、明らかに、暴力の増大を逆転させなければならぬ。そうでなければその集団は、形成される以前に、自ら破壊されてしまう。確かに、暴力は始原にあった。しかしそれは、反生産的である。それは大洪水となり、破壊者となって、人を根絶し、亡きものとする。

ネアンデルタール人は絶滅した。これが第一の始原である。第一の大洪水の如く、直截である。このヒトは、どんな暴力に遭遇したのだろうか。自分たち内部のものだろうか。それはどうでもよい。その絶滅は、現在では、平常の法則によるもののように思われている。ところがサピエンスは、逆に存続した。これが第二の始原である。けれどもそれは逆説的であり奇跡的である。ならば、逆方向に考えなければならぬ。彼はどうやって、方舟を見つけたのか。

デューカリオンとピルラ

一つのギリシア神話が、大洪水による破壊と、逆方向に歩むゲーリュオーンの牛の歩みとの間の、総合を行っているように思われる。実はオラースも、踵を返して逃げ出すことがあるのだが、これは後に見ることにしよう。

青銅器時代の人間は悪に溺れ、ゼウスが起こした洪水により死に絶えた。ところが神話は言う。ヘレニズム時代のノアというべきデューカリオーンとピルラは、一つの箱、すなわち方舟を作り、水に乗って彼らも九日九夜水上に漂う。ノアがアララトの山に漂着したように、彼らもテッサリアの山に辿り着き、水の引くのを待って上陸する。そこでこの漂流者夫婦に会いに来たヘルメスは、彼らの願いを叶えてやろうと言う。そこで男は女友達が欲しい、また女の方は男友達が欲しいという。大地に人間を住ませようと思ったゼウスは、彼らに対して、母なる大地の骨片を、肩越しに後ろに投げるよう、厳しく命令する。二人はその言葉を、石を後ろに投げることと理解し、そのようにする。すると新たなエヴァであるピルラの後ろには女たち、もう一人のアダムであるデューカリオンの後ろには、男たちが生まれる。新たなる人類が、彼らの背後に生まれたのである。わたしがかつてそうであったように、この新人類も、この逆方向への動きについては盲目だったと思われる。

暴力は人間の始原を隠す。戦争の前には死が、後ろには生存がある。これは同語反復ではない。大洪水は、一つの方向に進む。そこには何も残らない。もし仮に、人間たちが再生しようとするのならば、逆の方向へと努力するしかない。始原は逆の方向にあるとする教訓は、欺かない。

哲学、人類学、科学、その他の理論

別の方向から考えてみよう。ホッブズ、ルソー、その他の人々の言うところによれば、人間の集団は、万人が万人の敵となる戦争を通過してのち、契約によって自らを確立する。わたしにはまったくわからない。彼らとても、わからなかったことだろう。如何ほどの暴力が、どのようにして静まり、話し合いにまで達するのか。いくつもの集団が、同時に存続できるような合意に、如何にして到達することができるのか。

傍若無人、すべてを許されているような戦争が、平和をもたらすわけがない。カオスから秩序は生まれない。勝たねばやまぬ執念のどこを叩けば、合意の音が聞こえるのか。物事は逆方向から捉えねばならぬ。酒場で撮影したフィルムの逆回し。以前のわたしと同様盲目の、ティトゥス・リウィウスの言葉によれば、カークスの盗んだ牛が残した逆向きの足跡。ネアンデルタールがとったのとは逆の方向。そこでわたしは、オラースのことを語りたいと思う。彼は、サピエンスだったのだろうか。彼は敵から逃げつつ引き算を繰り返し、そして帰還する。わたしの作った水兵酒場の物語、第二話である。

プランクの境界からビッグ・バンに移行するには、如何なる方向転換が必要なのか．その距たりは無限に小さく、その間、われわれの物理学法則は進まなかったのか。物理法則そのものが、ローマ時代の悲劇やローマ時代以前の牛のように、後ろの方向に進んだのだろうか。

訳注

1 コルネイユ『オラース』伊藤洋訳、『コルネイユ名作集』、白水社、一九七五年、一六八頁。

2 *Urbi et orbi.* ローマ教皇の全世界信徒に対する公式祝福。ここでは単に《ローマ及び全世界に対して》の意。

3 セール『火、そして霧の中の信号——ゾラ』寺田光徳訳、法政大学出版局、一九八八年、五〇七頁以降。

4 フランスでは、革命以降国民軍が組織され、以後戦争は国家的行為となった。それ以前十八世紀の王侯は、勝敗にかかわらず生ずる多額の損失を避けるために、いろいろな術策を工夫して、武力衝突なしに、損失を小さく利を大きくする努力をした。戦わずして優雅に勝つ戦法である。ルイ十五世下の名将モーリス・ド・サクスは、「最良の将は、生涯戦わずして勝つ」と言う。

第三章　戦争

わたしは子供の頃から、悲劇『オラース』が好きだった。いまはそちらに、話を戻そう。水兵たちについてのわたしの話のなかで、その終わりに近く、明らかに数の使い方の点で、コルネイユの大作を思わせる風があったのを、お気づきだったことと思う。オラース側三人に対し、キュリアス側も三人。それが、オラース側一人対三人となり、最後の一人が最後の相手を倒す。ティトゥス・リウィウスにならえば、ローマの勝利、アルバ側の死、となる。柩も武勇讃美もない。水兵たちは姿を消し、あるのは刀と盾を持ち、美々しく着飾った六人のクローン。イギリス人も戦後のロシア人も、もはやない。そこにいるのは、古代人に扮し、皮のスカートを着け、アレクサンドランを朗唱する俳優たち。コメディー・フランセーズでの、元青年のための古典劇である。

『オラース』、コルネイユのローマ悲劇

始めからの質問である。フランス古典劇十八番の一つが、わたしの撮ったフィルムの逆廻しのラストシーンを語るとは、そもそもどういうことなのか。酒場のなか、騒ぎはだんだん大きくなる。争いに加わろうとする者の数は増大する。たちまち拡大する伝染病にとらわれたように、パニック状態になる。ところで、もしわたしがここに繰り広げられる乱闘を、逆廻しに映し出せば、乱闘への参加者は徐々に争いを離れてゆく。そして、まあ何としたことか、戦場は先に述べたように、代表の働く表現の場となり、さらに正確には、五幕の詩劇となる。そこで再度質問する。出来事を舞台にのせるために、その一連の進行方向を、逆転させることのできるのは誰なのか。

『オラース』あるいは二重の始原

わたしが、コルネイユのこの劇を称賛するのは、この劇が他の如何なる繊細な理論にも増して、二重の始原を持つこの生きた話を、素晴らしい筆致で、表現しているからである。その一つは悪いもの、絶滅の始原であり、いま一つは善きものであって、われわれを保護するものである。

善きものはまず多くの場合、歴史や哲学において語られることがない。ローマとアルバの二つの村は、戦いを交えることになる。なぜかはわからない。いやむしろ、われわれには知られ過ぎていることかもしれない。つまり何のためでもなく、ただ相手を殺すという、抗い難い執念のためである。当然ながらまずは群衆対群衆、全員対全員の戦いである。そして老人、女、子供、犬、鶏、羊、山羊、牛に至るまで。逆方向への移動が始まれば、これら全部は闘争から身を引いてゆき、軍隊だけが残る。先に見たように、軍隊は既に、城壁の下に展開している、観測と伝令にあたるすばしこいジュリーは、そこから走り出て、奥に閉じ籠もる女たちに、戦闘の模様を報告する。既に軍隊というものが存在し、彼女が前線に出ているということは、先に挙げた全員対全員の戦争に代わるものが、成立していなくてはならない。全員対全員の戦争というのは、ホッブズとルソーの唱えるところであるが、彼らはこの戦争の成り行きや結果については、まったく触れていない。

このような戦争代行は、原始時代から実在したのだが、かの二人の哲学者たちは、このことに気づいていない。とはいえ、この行為とその始まった時期は、きわめて重要な意味を持っている。なぜかと言えば、これは暴力を制限する最初の行為であり、実質的人命保護の始まりだからである。そうでなければ、都市対都市の闘争は、全員皆殺しに行き着くことになろう。戦闘は、戦う者がいなくなって、初めてやむ。《そして誰もいなくなった》は、自分たちの島を無人にした。

その反対に、全人口に代わって軍隊が戦いを代行するならば、都市の住民は絶滅から護られる。大洪水が比喩として表すこの暴力の、自然的、自動的、量的増大は、絶滅へと向かってゆく。ローマとアルバの軍隊が対決する時、その始原は既にそこある。始めに、戦争があった。

自伝1

若い頃わたしは、良心の呵責に苦しみつつ在籍した海軍士官学校を、離れた。その当時「良心による兵役拒否」と呼ばれた行為に惹かれてのことだった。しかしわたしは、間違っていた。いまでこそ告白するが、わたしは、暴力の行使と軍隊という存在とを、混同していた。軍隊は、暴力を発明するものでも、これを遂行するものでもなく、暴力を制限するものなのだ。軍隊が戦わせるのは、若い青年男子だけである。かつては傭兵、下っては義勇兵。例外的な場合を除けば、老人、女、子供たちは、鶏とともに農家に残され、鵞鳥とともにカピトルの丘に留められていた。一方ジュリーはといえば、城壁のかげで戦闘を観察し、その様子を、姉妹たちに伝える役を担った。姉妹たちは、男たちの言う法則に従って、奥に閉じ込められている。しかしジュリーもまた、他の二人の美神と同様、闘争に参加しているわけではない。

空軍にも、大隊、中隊、小隊の別がある。これはわたしが先に挙げた逆方向、すなわち量的減少、反エスカレートを思わせる。部隊の編成において、量的増大を避け低水準に下げることは、軍事社会制度においても、何らかの権能、機能により求められているようである。それ故、本当の始原たるブラック・ボックスに行き着くには、カークスの牛のように、後退しなければならぬ。途は二つ、エスカレートか反エスカレートか。どちらを選ぶのか。

二つの始原の一つ、救済

ティトゥス・リウィウスはその著『ローマ史』の第一の書で、一人のローマ人オラースが、アルバ人、すなわち三人のキュリアスに勝ったことを語っている。そしてコルネイユは、これに基づいて劇を作った。ところでわたしの思うには、彼らティトルス・リウィウスとコルネイユは、いま一つの水兵フィルムを逆映写しているだけではないか。

軍隊というものが、若い健康な男たちだけから成り、先に述べたように、女、子供はまず除外されているとしたら、暴力行為にかかる前に前線を停止させ、二人の王をして相談させ、両軍とも三人ずつの勇者を出させるということは、分析的に言えば、まさに人数を削減するという出発点に通ずる。始め全アルバ対全ローマであったものが、両者それぞれの軍対軍の対決となり、アルバ側から選ばれた三人のキュリアスと、ローマ側の三人のオラースが対決することになる。そして闘争は、既に述べたように、論理的に進展し、三対一、一対一へと続き、ついに一人の勝者をもって終わる。わたしたちはまさに、酒場「お情け錨」のフィルムが逆戻しに映写されるのを見る。戦闘の息詰まる展開は、われわれを真の始原に導く、逆行過程をもって終わる。

第二の始原、死

さてここで、全体的絶滅という危険をもたらす始原について見てみよう。第一の始原は、わたしが逆方向に語ったものであった。ノアは方舟によって、大地全体を呑み込んだ大洪水の上に漂う。族長（あるいは神か）は、各種の生き物から代表を選びだす。この代表により、すべてが始まる。少なくとも、いま一度始めることが可能である。同様に生き残ったデュカリオーンとピルラは、それぞれ肩越しに石を投げる。方舟は、始めを示す言葉ではない。少なくともギリシア神話においては、不適当である。それは、一部を取り除けること、差し引くこと、勘定に入れないこと、つまりは女、子供を兵士と勘定しない、というようなものである。

第二の始原は、正の方向に展開する。それは何も残さない。如何なる種、如何なる代表、如何なる動物、植物、女、男も残さない。破壊の週はその終わりまで続く。そして神の霊はただひとり、水の上に浮かぶ。そうなると今度はどうしても、神の全能の力が必要となる。まさに虚無から、素晴らしい奇跡が現れねばならぬ。われわれはこの無がどこから来るのか、知っている。そしてすべてが、一週間のうちに始まる。この週は、原始の創造の週とされているが、実は第二の週である。

ところでコルネイユの奇しき天才は、この正方向に流れる時間が、大洪水の危険を含むことに気づいた。ティトゥス・リウィウスよりも鋭く、彼は二度までも、この危険に気づいた。歴史家はそれを語っていないが、悲劇のなかではそれが描き出されている。民衆の怒りは燃える。双方の陣営に、反乱が起こる。民衆は権力を脅かす。首長の存在は蔑ろにされる。権力は疑いの目で見られ、その声に耳を貸すものもない。王さえもこれに驚き、騒ぎ立った民衆が押し寄せる。またしても、民衆全体が暴力の渦に入る。王制と軍制により抑えられていたものが、息を吹き返し、拡大する。この第二の段階については、のちに述べることとする。

この大きな危機を前にして、ローマの王トゥルルス・ホスティリウスは、諸都市も王自身も、みなそろって神の意を訊ねることを命じ、犠牲の祭礼を行うよう、令を下す。それゆえ聖なるものが、一時暴力を中断する。われわれは辛抱強く、答えを待った。誰がこの暴力を止めることができるのかと。逆方向への増大については、問題は解決とされている。それゆえ、正方向での増大がどうであるか見ねばならない。ここで知りたいのは、それが果たして停止するものかどうか、もしするとしたらいつ、如何にして停止するか、ということである。これには明らかに、恐ろしい集団的死の危険が含まれているからだ。そしてこの増大は、王に対する脅威に留まらず、宗教者に対してのリンチへと、向けられてゆく。

ここでこの機会に、付随する並行的問題として、王制の問題が解決されるのを見ておこう。トゥルルス・ホスティリウスの王位は、彼自身が選び、他の皆が承認した犠牲により、得られたものである。それは、民衆の暴力またはリンチにより殺された被害者、あるいはスケープゴート、あるいはこの暴力の偏向により生まれた、他の被害者かもしれない。エフタとアガメムノーンの二人の王。彼らの娘はまさにスケープゴートとなって、自分の父を、王の位に就けることになる。始原に戻ろう。神々の託宣により、三人の兵士を選ぶことが認められ、ただちに戦闘が始まった。この二つの場面すなわち暴力の場面と、聖なるものの場面は、わたしの疑問に答えているだろうか。正方向の状況展開を負方向の展開に反転する、転換点となるだろうか。

幕合——宗教、法、硬と柔

聖なるものの持つこの不思議な力。われわれの歴史はこの力を、霊的＝精神的（spirituel）権力と呼ぶのだろうか。この権力は、どこからあの抗し難い暴力の増大を、押し留める力を引き出しているのか。この権力は、反権力に出会うことの無いものでなければならぬ。

この世に生まれる権力は、暴力の権力であって、必ず対抗する権力に遭遇する。それはまさに、洪水の水かさを際限なく増大させるものである。暴力に対抗するため暴力を用いることは、対照的方法であって、加法計算、あるいは時として乗法計算を行う結果となる。止まるところを知らぬこの弁証法は、すべての絶滅によって終わる。それゆえ何か、別の権力を見つけねばならぬ。暴力に対抗するには、暴力から生まれたのではない権力が、必要である。人は、国家あるいは政治制度は合法的暴力を占有する、と定義する。そのとき人は、世俗的で暴力的な権力と、霊的＝精神的で合法的な権力とを、一つにまとめ合わせてしまっている。

ところで後者の権力には、二つの顔がある。一つは宗教的なものであって、トゥルルス・ホスティリウスにより命ぜられた犠牲のように、民衆の怒りの危機を抑止するものである。いま一つは裁判所の持つ権力であって、勇士といえども劇の終わりには、妹を殺害したものとして、そこに出廷せねばならぬ。いまここでは、これ以上この点については論ぜぬこととする。

ここで逆説がある。硬い暴力、忿怒、怒り、必死の攻撃、剣、槍、血と屍……に対して柔らかいもののみが抵抗する。教宣、言葉、判断、判決、善きことを願う言葉など……。教宣の柔和さは硬い供犠から生まれるだろうか。

万人に対する戦い

この奇妙な事実に立ち返る前に、わたしはそれに先立つ歴史の方に話を戻してみよう。コルネイユでは軍隊が舞台に登場する前に、ティトゥス・リウィウスでは戦場において、ローマとアルバの二つの村が、ともに全村あげての戦いを繰り広げていた。都市が、都市全体をあげて隣の都市全体に対して行う戦争。ホッブズとルソーが描く始原の状態がこれである。われわれはこれについて、何も知らない。先の二人の哲学者とても、普通の人と同じほどしか知っているわけではない。どうして人間集団は、戦いをやめ、自らを戦いから解放することが、できないのか。ここに問題がある。かつての戦争、わたしがいま概念を規定しようとしている戦争、人々が物語る戦争、人々が頭のなかに思い描く戦争、そしてなおのこと、われわれが今日生きているこの、いやこれらの戦争は、いったいどのようにして始まったのか。どうすれば、これから抜け出すことができるのか。

ティトゥス・リウィウスはそこを通過し、むしろ問題そのものを避けている。彼はまず、歴史を語る。しかしこれは、先史時代の歴史であって、狼につき雌狼につき、ウェスタ神殿の巫女レア・シルヴィア〔ローマの最初の王ロムルスの母〕、すなわち野生の母等々について物語る。こうしてローマ創建以前の原始時代に立ち戻る。これはいささか、宇宙の始原について、現代物理学が言えぬことをすべて、プランクの境界のこちら側に戻してしまうようなものである。わたしの直観によれば、始めの第一行から、文化のすべて、文明のすべて、法と政治から王制まで、すべてが既にそこにある。建国前にあった出来事を見ようとしても、狼の住む森の際の薄明かりを通してしか、見ることができない。そこは狼が支配するところ、ところがそこには、既に法があった。二つの都市の一般人が参加せねばならぬ戦争など、もはやまったく存在していない。百人隊長や歩兵たちは、既に規則正しく武装している。既に戦争は、常々いくらも起こっていた。それだからわたしたちは、戦争は運命的、超歴史的であって、常に起こる、と信じている。コルネイユは既にこの問題のあることに、気づいていたに違いない。そのゆえに彼は、民衆が王に向かって怒りを爆発させ、王の権威を危うくしたという奇妙な場面を考えたのである。悲劇もまた窓から顔をだし、狼の住む森の際に目をやり、法に縛られぬ純粋の暴力が、聖なるものによって、辛くも抑止されているのを見る。

ちょうどこの場を借りて一言加えたいと思う。この狼たちの古い話は、わたしにはずっと以前から、まったくの野生状態より生まれたものとは思えなかった。狩猟というものの、漠としたしかも幅広い体験により、動物たちがどれほど完全に、その群れを組み、作戦を立て、彼ら自身の教育法を編み出していたか、われわれの祖先は知っていたはずである。何かある種の法のようなものが、既に動物たちの祖先の間にも、あったのだろう。モーグリも、またローマの双子も、カオスの乳を吸って育ったのではない。狩猟採集を実践する人々の日常活動や、動物生態研究の明かすところとは、多少のずれを見なくはないが、それでもこれらの神話は、そこに準拠しているもののように見える。

いまわたしの思うところ

いまこの時、世に満ちた始原のカオスのなかで、村々の全体が、暴力をもって互いに摑みかかろうとしている。老人、女、子供たちの死を、目にすることにも倦み疲れ、すべてが絶滅する恐怖に取り憑かれている。すべてのもの（しかしここで再び問いたい。それはいったい誰なのか）が、原始の森を抜け出そうとしているこの時代、ある限定された空間を、戦いの場として開こうと決めた。この空間は、言ってみれば、マルスの野原である。時と日付も決められる。手短に言えば、正確な段取りが決められる、ということだ。わたしはついうっかり、合法的と言いそうになる。それは、限られた人数の軍隊だけに開かれた、空間である。徴収された兵士たちは、ある年齢層の男に限られているのだから。老人、女、子供、病人、弱者たちは、城壁の上から、限られた戦域の外から、観戦する。まさに見世物《スペクタクル》を見るようである。事実、わたしたちがオラースの悲劇を見るように、ここではその現場、その戦域において、戦いが展開される。既に戦いの拡大は頂点に達し、二つの都市の全員を巻き込んだのち、後退を始めたかに見える。

わたしたちは劇場で、動作を表現する俳優を選ぶ。これと同様にして、二つの都市を代表する軍隊がある。わたしたちの歴史は、後ろに向かって開始される。それゆえわたしたちの歴史は無規制な暴力を、規制された制約のある戦争に変えようという営みのうちに、始まったのではないだろうか。その通りだ。

なぜなら、後退は続いているからだ。両軍は、それぞれ三人の代表者に、その戦場を引き渡した。両軍の兵士は陣を離れ、一般人に交じって、真剣勝負を見物する。城壁の上、あるいは演壇にまで登る者もいる。そしてどうなったのか。みな拳を握り、背を丸め、肩をいからし、いまにも飛びかかりそうにしている。その一方では頭を高く上げ腰に手を当て、悠々としている。みな、勇士を後押しするように集まり、安心しきっている。人物は他者により、代行される。場所は一か所に限定され、展示する時間も限定される。軍隊が行動する場所は、戦場でもマルスの広野でもよい。代表選手が試合をする限られた場、小さなリンクでもよい。ここに、規定された戦闘というものが登場する。行為、人物、時、場所。これは三一致の規則が作り出したものである。

全体の動きは既に分解されている。というのも、この古風な不思議な時代において、兵士たちは既に、村を代表して戦う勇士として、選ばれ名指しされているのである。代表、代理、代行が何度か間をおいて行われる。三人の兄弟は、ある者は離れようとし、ある者はそれを連れ戻そうとする。この話はその動きによって、かなりはっきりとこのことを示している。見世物《スペクタクル》のうちに、幾たびか見せ場ができる。

オラースは、既にコルネイユが、悲喜劇『舞台は夢』のなかで分解して示している場面を、悲劇の形で再演する。

身代わりと代表制の始原

代表制の始原が、徐々に形成されてゆくのを見てみよう。それは、歴史、喜劇、悲劇のいずれであるにせよ。物語である。軍隊は戦場において、それぞれの都市を代表した。三人の勇士はそれぞれ、より限られた勝負のなかで、軍を代表した。オラースとキュリアスは、それぞれ一騎討ちにより、舞台の上で死んだ二人の兄弟を代表している。六人を除くすべて、いや二人を除くすべての人々は、一つの代表行為に立ち会っている。われわれも、この代表行為に立ち会う。ここに、見世物《スペクタクル》としての、悲劇の、始原がある。代行行為の始まりである。コメディー・フランセーズのジャンヌ・デュランとポール・デュポンは、カミーユとキュリアスを演じる。ギリシア語で舞台を意味する言葉は、天幕をも意味している。俳優がそのなかで衣裳を変え、人物を変え、外見を、役を変える天幕である。代行行為の場、代表行為の場、相手に対面する場である。

ここに見られる動的変化は、様々な身代りを選び、投げかけてくる。身代わりという言葉は、多くの意味を持つ。被害者、助力者、代行、代表、俳優。この種の多義語が、犠牲から代表行為にまで及んでいるのは、意味が深い。『オラース』はコルネイユの悲劇であるが、ティトス・リウィウスもローマの伝承として、これを語っている。この両者は、この語の含む動的変化を調査し、多種の身代りを見出し、ついには悲劇の始原に辿り着いた。また、始原としての戦争に辿り着いた。戦争が減衰して一種の代表行為になるように、軍隊は、それぞれの都市、国家を代表する。

ある一つの歴史を語るという口実のもとに、この天才的作品は、この物語の始原にまで遡り、そればかりでなく、この作品の種の起源まで、探査し解明した。この悲劇は、悲劇の始原をも解明している。

酒場に帰る

かの酒場の話を、いま一度手短に述べてみよう。一人のアルバ人がだらしなく酒によって、くだらぬことを考えている。突然彼は、通りがかったローマ人に喰ってかかる。交差点での優先を守らなかった、とでもいうのだろうか。あるいは、女友達を横取りしたのかも知れない。双方とも叩けば埃は出るだろう。そこで人が集まる。一人の通りがかったアルバ人が、同国人の殴打されているのを見かねて、すぐ兄弟を呼ぶ。これもすぐ、助けに駆けつける。ところが通りかかったローマ人が、この不平等な喧嘩に怒り、すぐに同胞ローマ人を助けに入る。ここにいま一人のアルバ人が入り、混乱は新聞記事によくあるように、拡大する。女子供まで入ってきて、喧嘩する男たちの着物を引っ張る。暴力と戦争はペストのように拡大する。

カメラがこの一連の場面を逆廻しに映写すると、いつも経験していて、ごく当たり前と思われるこの人数拡大が、反転して減少しはじめる。一つの集団がこの喧嘩に興味を持たなくなっても、その一部はまだ残る。その人数も減り、数人がその場で喧嘩を続ける。しかしその数も少なくなり、三人となり、遂には一対一の対決となる。この逆方向に向かうプロセスはピラミッド型であって、その頂点が底辺を代表する代表制である。チャンピオンは、替え玉であり、見世物《スペクタクル》であり、想像されたものであり、書かれた文である。代理、補佐、代替、代表である。すなわち表現行為であり、劇である。

何と驚くべきことか。見世物《スペクタクル》というものが出来たのは、戦争が出来たのと同時ではなかろうか。双方とも、空間的、時間的、数量的人間的制約がある。やがてそこに、法的制約が加わる。暴力に対しても、これと同じ制約が課される。作戦の舞台とはよく言ったものだ。

暴力という病から癒えるためには、この見世物《スペクタクル》に参加すべきだ、とアリストテレスは言う。もちろんこれは、疫病の拡大を止めること、鎮めることを願ってのことである。ともかく、ティトゥス・リウィウスとコルネイユによって、いまわれわれは理解する。何ゆえ彼らはオラースを、二度にわたって走らせたのか。彼は始め勝者であり、次に敗者として逃げる。一旦は逃げるため、次いでまた戦うために、二度向きを変える。暴力の動きを反転させるために逃げ、ついで元に戻る。まず一方に身を引き、次にまた合流する。これを、『オラース』という映画フィルムと仮定してみよう。するとこのフィルムは、この短い時間軸の部分では、正逆二つの方向に映し出されたことになる。コルネイユは二つの始原を、巧みに取り扱って心憎い。この点については、のちにまた確かめてみたいと思う。

言葉を使わぬ――ラグビーのルール

フィルムの動く方向を、反転させたのは誰か、とわたしは問うた。答えは審判である。その銀色の笛が試合の動きを止める。選手たちは動きを止め、立ち上がり、手を腰に置く。タイム・アウトの間、戦闘は中断される。まさに聖なる言葉である。ここ、集団スポーツの行われる競技場では、時は死ぬ。しかし、負けた者が、被害者が、肉体が死ぬわけではない。何人かの軽傷者がいるだけだ。ある種の法が暴力の展開を中断し、時間を止めているのだ。愚劣、野蛮、争うことしか知らぬヨシュアの反対である。ここグラウンドの上では、何人かが、時を、試合の展開を、必死の闘志の向から先を、この空間そのものを、支配している。

審判、わたしは彼をこの名で呼ぶ。審判が対決を、管理している。やがて、ローマのジャージを着た一人の選手が、相手の面前で両腕を挙げる。相手はアルバの選手である。二人とも、二番という番号を背にしているので、それと知られる。そこへいま二人、ジャージは青でも緑でもよい。背番号が一であることでしか見分けのつかない二人が、二番の腋の下に頭を突っ込む。三人の選手から成る二組が出来る。キュリアスとオラースである。こうして固く結ばれ、野生の山羊のように、相手の首の下に頭を押し込む。その後ろに二人の仲間が入り、第一列三人の両翼を支える。闘志と熱気が広がってくる。その後に三人のオラースと三人のキュリアスが走り寄り、第三列となって、前の五人を支える。これでよい。集団が一体となって角突き合わせ、集団と対決する。これが法とルールの求めるところであって、審判はルールの代表である。

スクラムはこのように整然と構成されており、単一であって、しかも多を含む。ここには、増大と停止の法則が、明らかに示されている。英語では、スクラムという美しい名がこれに充てられている。知られているように、この語は、戦術用語のフランス語《escarmouche》、また演劇用語のイタリア語《scaramouche》から来ている。エスカルムッシュについては、既に幾度か、水兵酒場のところで触れておいた。一言で言って、ごく限られた地域内での散発的交戦、と言ってよいだろう。部隊から離れた小分隊の小競り合いである。狭い地面で、先ほど挙げた八人の選手が、一つになって、雄山羊のように、たがいに頭でぶつかってゆく。ローマでは隊の一部を用いて、亀と呼ばれる戦法がとられた。これは歩兵兵士数名が、盾を寄せ合って亀の甲羅を作り、戦うものである。ローマ軍は前哨戦において、このようにして相手の前衛に対峙する。エスカルムシュはいつも本戦の前に、代理戦争として行われる。

ここでチームを見てみよう。ハーフバック、スタンドオフ、スリークォーター・フルバック。彼らは腰に手をおき、エスカルムッシュの外に立つ。かなり離れて、スクラムがどうなるか見ている。この時彼らは観戦の側に入る。いま対決している選手は、オラースとキュリアスの立場にある。その他のチーム・メンバーは、後ろに控えた両軍の位置にある。一方、われわれは観客席にいる。妊婦もいれば、関節リューマチで運動のできなくなった老人もいる。チームの地元の村からやって来て、味方のチームが勝つものと、愚かしくも期待している。スクラムが組まれる時の、全体の様子をフィルムに撮って見よう。そこには代表作用というべきものが、均衡のある同心円をもって、完全に描き出されているのがわかる。まずチームそのものが、都市の代表である。そしていまの場合前衛は、チームそのものを代理代表している。つまり、見世物《スペクタクル》のなかに見せ場が嵌め込まれている。奇妙な幻影といってもよいか。そこには拡大の動きが、逆方向に、よく仕組まれたかたちで隠されている。

さあ、試合再開だ。審判が全員を走らせる。ボールはスクラムから出る。スクラムハーフがパスし、バックスが列をなして突っ込む。いまや全員が試合に戻っている。エスカルムッシュは油を撒くようなもの。芝は燃え上がり、全員が走り、パスを廻す。観客は総立ちとなって叫ぶ。ペスト菌のように、ボールはあちこち走り回り、暴力は伝染する。まさに「お情け錨」酒場そのままである。選手と観客とが、一つになり、環をなして揺れ動く。かとみれば、突然その動きを変え、張り詰めた空気。人々は一つの戦いに集中し、その炎のなかにいる。一時戦列から離れても、すぐ復帰。平穏の後、たちまちの混戦。戦いが正方向に拡大する。

観客は第二の環となって、みな観客席に座り、離れたところから見つめる。城の矢狭間から外を見るジュリーのように。巨大スクリーンのなかで、ずっぷり試合に呑み込まれている時もあり、逆に少し離れて試合の一部に注目している時もある。わたしは感動して叫ぶ。あるいは逆に、腰を下ろし、審判のホイッスルに一息つく。ところで、この現象は、実は非常に不思議なものなのである。アリストレスや大哲学者たちがこれを概念分析し、高尚な演劇を前にした時の、演劇通の反応を、また呆気にとられた人々のさまを、説明している。いまここラグビーでは、言葉はない。ボールが次々とパスされていけば、背筋が震えてくる。エスカルムッシュの打ち合いが始まり、ボールが飛ぶ。ここで三つの領域をはっきりさせておこう。第一のグループでは、選手たちはまさに体と体をぶつけて戦う。センターはその核心。バスケットボールでもボクシングでも試合はその中心から始まる。第二の中間の環状地帯では、ボールは通過することもあり、関わってこないこともある。ボールは記号と対象物の間を媒介するものであり、準 - 対象物（quasi-objet）、すなわち準 - 物（quasi-chose）である。そしてその外側の第三領域で、期待と不安の波がこの準 - 対象物（quasi-objet）を追いかけ、周りの観衆のなかを駆け巡る。ボールはちょうどその真ん中にあって、信号というかたちで戦いの現実を映し出し、感情の高まりを表す。物を信号に変換し、高いエネルギーを低く変圧し、ボールは二度にわたり二つの働きを持つ。それは革としては硬いが、意味を担った記号としては柔軟である。

より一般的に言えば、観戦スポーツとしてのラグビーは本当の戦いと日常生活と、その間の中間領域という、三つの領域を持っている。わたしたちは日曜日に気張らしのために競技場に行く。そこで行われる暴力の発散を、大先生方の言葉をまねて「カタルシス」と呼んでもよい。この発散に言語は不要であって、集団スポーツという間接的行動により、友好的に行われる。行動を行うのは、間に介在するメンバー、すなわちチーム。ボールという媒体を用い、審判という仲介者の前で敵と味方の間の地面で午後の間中に行われる。神学が天国と地獄の間の領域を、発散の場、煉獄と呼ぶのは正しい。人が参入しようとすればそれは何かと何かの間にある。「〜の間」という前置詞は、エミセールすなわち介在者のあることを示している。

いったいわたしは誰の、何の代理人なのだろうか。わたしの生命、わたしの思考も、何かと何かの間にあるのか。足は地に、頭は観念に、天国と地獄、1と0、理性と非理性、偽と真、善と悪、誤りと真実、純と不純、苦しみと救いとの間にあるのか。わたしは呼吸し、労働する。わたしは眠り、苦しみ、愛し、知り、考える。いろいろな物の混在する環のなかで諸物が干渉し合う煉獄の、半物体に囲まれたなかで……。われわれが判断するのは、何と稀であることか。法廷においてのように、討論にはっきりと断を下すことも、如何に稀であることか。

日曜日の競技場の少なくともここだけは言語による伝達活動もなく、すべてが単純で明瞭である。そこで感動し叫びを上げながら、われわれの集団としての始原について考える。

硬きもの、柔らなるもの——この二方向への転換軸と審判

先の質問を、ふたたび取り上げてみる。フィルムは一つの方向に映写されていく。そこには暴力の拡大が見られる。ところが、これが逆方向に映写されれば、エミセール、介在者が成立していくのが示される。また、悲劇の誕生、偽物の発生が示される。紛争の合法的扱い、ルールというものが発見される。

戦争、見世物《スペクタクル》、試合など、いずれにおいても、軍隊、選手などいろいろな身代わりが現れるの

がわかる。ラグビーは十五人、スクラムは八人、バスケットは五人、ボクシングは一対一。ある有名な著書のなかでジョルジュ・デュメジルは、最後にオラース一人しかいないことを指摘し、身代わりが一人にまで減少することを直感していた。三対三、三対一、一対一、そして遂には一人。彼は殺人を犯し、法廷に送られる。コルネイユはこの問題をしっかりと捉え、記述する。彼は、硬きものから柔らなものへ、兵器を用いた暴力から法廷へ、剣から弁論への移行を確実に見ている。

仲裁というものが合法的なものとして現れたのである。

誰が勝つのか――この問いは麻酔である

決定を下すのは、ある時は神々、ある時は審判だった。ローマが勝ち、アルバが負けた。勝利である。鐘が鳴る。大砲が轟く。人々は喜び歌い、広場に踊る。国境の向こうでは、暗澹たる屈辱が復讐のほぞをかむ。といっても双方の死者の数は等しい。

誰が勝つか。ピエトロ・アレッティーノは、同じ題材を扱った戯曲『オラツィア』のなかで、三人の戦いを省略し、妹の殺害とその後の裁判だけに焦点を絞っている。これはわたしにとって、疑問を増やすことになる。コルネイユはサスペンスを少なくし、伝令の女性が戦いの最中にアルバのキュリアスたちの勝利を知らせる。ローマとオラースの勝利が知らされるのはその後となる。誰が勝つのか。

誰が勝つのか。アガメムノンのギリシア人たちか。それともヘクトルのトロイ人たちか。それではラ『イリヤッド』を歌わねばならぬ。ロランか、サラジンか。そこでロランの歌に耳を傾けよう。ナポレオンかウェリントンか。それにはヴィクトル・ユーゴーを唱えねばならぬ。赤か白か、あるいは緑か。左か右か。では新聞を読めばよい。パリかマルセイユか。マンチェスター・ユナイテッドかトリノのユベントスか……。それにはテレビに釘付けになること。息弾ませて勝負の行方に没入するのだ。誰が勝つのか。

これほど人の興味をかき立ててサスペンスを盛り上げるものはない。チーム・スポーツは、筋書きなしで演劇を構成し、出来事を作り出し、見る人の熱は、そこに引きつけられる。筋書きがないと言ったところで、わたしにも一つの疑問がわいてくる。わたしが既に引用した有名な話に見られる、抑えても抑えても燃えてくる、所属のリビドーというものの力である。

この力の働きがわたしたちのスペクタクル社会をはらはらさせ、対決に対する興味の火を持ち続けさせる。戦争、株式市場、討論、コンクール、試験、選挙、選別、世論調査の結果、誰が勝つか。われわれはより多くの時間を使い、より多くの金をかけて、候補者の試合ぶりを見守る。政府の活動は二の次になる。劇場、試合、摑み合い……こちらの方が現実より優先する。勝つのは誰か。

これがわたしたちに対して主として用いられる、麻酔の一つである。紛争、政治、競争、フットボール。実のところ、これらのことはほとんどわれわれに関係あることではない。肝腎なことは、早く、早く知ることだ。もうすぐ誰が勝つか。明日は、来月は。これこれの試合で、あるいはオリンピックで……。ところでいったいにわれわれは、誰が勝つのかその結果を、前もって知っている。それは富める者である。われわれは日々絶え絶えにくすぶる不安のなかに微睡んでいる。この薄ら苦い麻痺状態から救ってくれるものは誰か。言うまでもなくそれは大きく勝ち、どこへ行っても繰り返し勝つ、若くて強い者である。誰が勝つかというこの問いの火を執拗に追い廻るのが、彼なのだ。彼の金銭に対する欲求はわれわれの頭のなかに、彼の勝利、彼のメダルを、絶えず思い描かせる……。歴史、文化、メディアがその価値を否定し続けたとしても。『イリヤッド』の戦いを、テレビ映画に押し込めてみれば、その内容の低下は、誰の目にも明らかであろう。

人間は自由である。以来、思考し、決断し、創意工夫し、自分から生きる者は、この宙づり状態のサスペンスを脱して、身軽になる。彼は知っている。勝利者などというものはもはやなく、あるのは張り子にすぎぬことを。彼は勝利の欲望を抑えることを薦め、これを実践する。

『オラース』のなかで何が起こったか

いま一度、この問題を取り上げてみよう。フィルム映写の方向を、逆転させる権能を持った者は誰か。暴力が、空間に、時の流れに、民衆の間に、伝染病のように蔓延するこの方向を、制御することのできる権能をもつ者は誰か。第一の答えは既に見た如く、聖なるもの、祭司、神々に捧げられる犠牲である。

王はリンチを免れる。王はその被害者となることもある。解き放された暴力を、他の生き物の死にすり替えることにより、身分により、あるいはまた他の犠牲により、リンチを免れることができる。不死なる者の意志を解釈することにより、彼が祭司の権能を獲得する。王政の起源は、被害者でありまた、補佐役・祭司であるという、二重の機能から来ている。王の君臨するカピトルの丘は、死刑囚を突き落とすタルペイエンヌの岩から遠くない。

この被害者にもなるという役割は、元からあるものであった。すべての悲劇のなかにそれが見出される。サビーヌは自らの命を捧げ、キュリアスとオラースはそれぞれの命を捧げる。カミーユは兄に対して罵り叫び、死に走る。皆がみな至高の犠牲となろうとする。すべての人物が暴力の被害者として、スケープゴートになりうるものとなる。暴力はそこから来る。すべてが、祭司あるいは王でありうる。すべての父親はその生まれにおいて王であって、すべてトゥルルス王である。ただひとり老オラースだけが、崇高にも、後に残った息子の死を望む。その理由はのちに述べよう。悲劇は悲劇的人物のみを、まず被害者として舞台上にのせる。主人公は名指しされてはいるが、まだ半神に留まる。

『オラース』のなかで何が起こっているのか。『オラース』の諸人物の上にかかる暗い影は何か。黒い存在、死の間近にあること。

自伝2——古来よりの死の支配

世界には、いろいろな文化が存在する。われわれは歴史の流れのなかで、女、子供、男、老人、一人ひとりが、それぞれの背に肩に、死の存在を絶えず受けていた時代があった。いまでもそれはあるだろう。

戦争、飢餓、病い、伝染病。人の寿命は短く、か弱い体に感じる日々のわずかな安らぎ。労働と生活の条件は厳しい。政治は恥辱のかぎり。時たま訪れる何かの僥倖、不運。愛に絶望し、帰る希望もなく、自死か犠牲か……、人としての意識はこの与えられた状況のなかで養われてきた。それゆえこの意識は、既に内に死を孕んで生まれてきている。

死は押し潰す。圧迫する。のし掛かる。そして君臨する。死は宗教的な教訓を発し、道徳的行い、法としてのルールを定め、効能もない狂気じみた癒しを行った。王たちを支配し、祭司たちを怖れさせ、裁くも者の上に立ち、すべての関係に圧力を及ぼした。それより上に立つ者は誰とてもなく、何とてもなかった。それは第一の者だった。わたしはついうっかり、第一の原動力と言ってしまうところだった。

悲劇の人間は、背に負う袋に死を運ぶ。これを体からもぎ取ることはできない。人間と死という二つの体を持つこの古典的な物神《フェティシュ》は、われわれの祖先を変えた。神的なものに近いものとして、引き離すことのできぬ醜悪な二面性に生きた人間たちを、変えた。古代は彼らを死すべきものと呼んだ。この呼び名は、世間で言うような、やがて死ぬものということではない。彼らの体は二重であり、果たし合いであり、切り裂かれ、しかも固着されており、死臭がするということだ。やがて何かの折に神々は、この袋を彼らの背から取ってやる。そしてオリンポスの宴で大きく笑う。われわれ死すべきものは、泣くのをやめない。わたしは泣くのを抑えられたことがない。ところが、不死なるものの留めのない爆笑は、われわれのすすり泣きに、われわれの哀願に繋がっている。ということでこの背景音は、《世界》の空間を、哀訴のデュオにより、綿々と続く懇願の対位法により、はたまた理性のモテットで満たす。古拙な神は、同じ一つの宗教を二つの様式にして死を賛美する。

うめき、つぶやき、訴え、敬虔な祈り。それはこの《世界》が創造されて以来、われわれが青年となり、この重みを降ろす時まで続いた。ともあれそれ以来、重荷から切り離され、解放されたとはいえ、わたしの背、わたしの腹、わたしの腰は、いまだにその痕を残している。戦争と飢餓の苦しみは、わたしの筋肉を関節を、硬化させた。わたしの腰を曲がらせて、胸を涙の海で満たした。わたしは、古き神によって打ちひしがれた人種に属する。こうしてわたしは、大地と大空の間、ほんの掌ひと幅の内に住まう。体は硬くなり、背を伸ばすにも辛く、いまここに家を建てるなど思いもよらない。

ところがどうしたことだろう。このような重しが軽くなり、消え去ったかのように見える。このところ三世代に及ぶ、物的豊富と衛生状態と平和のおかげで、陰の支配者から解放され、西欧はこの物神《フェティシュ》を、真っ二つに切り捨てた。われわれが事実としての死を、捨て去ったというのではない。われわれはいつでも死ぬ。そうではなくて、われわれは、死と隣り合わせであることを、死によって動かされることを、やめたのだ。若く、身軽く、踊る、自由な人たちは、古の《死の存在》を忘れ、理解せずそれを棄て、蔑視さえする。

わたしたちが信じてきたように、あの黒い存在についての鋭い意識は、人間を人間と定義するものだった。それゆえこの変化は、われわれの本質に大きな影響を与える。かつては死に後をつけられている人間があった。しかしいまではここに、死から自由で、死から遠ざかり、ずっと独立した人間がいる。ではこの新たに生まれたものを何と呼ぶべきか。恒常的でないこの意識は、死についての、一部面に限られた、幻覚的なものであろうか。その生活においては戦争、飢餓、伝染病その他の病い、あるいは危機、といった多種多様の事柄に試みられることないわれわれの年老いた意識は、絶えずこれらの事柄にも、慣れ育ってきたのではなかったか。このカタストロフィーのなかには、ある一つの変化によって分けられた、二種類の人間がいる。一方を悲劇の人、いま一方を新しい人としておこうか。

死が後退するという、この様変わりを体験し、わたしは梯子を登り終えたように思った。不死なるものはわたしに対して、笑えよ、食べよ、と招くかに見えた。しかし、駄目だった。神々は消えてしまった。神々とわたしたちを引き離し、また結びつける、垂直な梯子も消えてしまった。このような挫折に慣れることは容易ではない、と人は言う。そのような勝利に向かう道が如何に辛いものであるかということを誰が語りえよう。打ち続くローマの勝利のなか、勝ち誇る将軍の耳元に、一人の奴隷が繰り返し告げる。「己が身の死すべきことを忘れるな」。そうとなれば、皇帝といえども、小さな物神《フェティシュ》でしかない。奴隷にせよ、皇帝にせよ、われわれは、一人の死すべきもの、あるいは神々として生きてきた。古代はまだその暴虐の、すべてを披露したわけではない。

古代は歩みを止めた。喜びの涙がある。新しい人間は、もはや、悲劇の人間を理解しない。自らの内にはあの涙の湖を持ってはいない。わたしはここで、消え去ってしまった子供時代の『オラース』を呼び求める。いまは読み得ぬものとなった悲劇について記述する。わたしは死に向かって叫ぶ。遠くにいるが、離れ去らぬ死。わたしは戦争について語るが、それは既に終わっている。物神《フェティシュ》は破り裂かれた。もはや泣かなくてもよいことに、わたしは慣れていけるだろうか。

喜び。われわれはもう死すべきものではない。少なくとも、悲劇的な、限られた意味においてそうではない。しかし、われわれは何をしようというのか。何を考え、何を言い、何を生きようと言うのか……。日々に出会う人もなく、避けられぬ潜在としての死もなしに。確かにそれは現前している。しかしそれは離れている。急な不安、迫る期限もなしに、如何に愛することができるか。この新しい人間が、何を言い、何をするのか、誰がそれを言い当てることができるのか。自分の双子の兄弟から自由となり、年老いた自分の分身から自由となった、この新しい人間は何を言い、何をするのだろうか。紀元の初めになされたあの約束、われわれは何らかのかたちで復活するというあの約束、この約束をわれわれに対して実行したものは果たしてあるのか。復活の祭りは、歴史のなかに、華々しく実現しただろうか。

古代の尻尾を切り捨てるためには、二千年もかかるのだろうか。近代的世紀を開こうという自由への営みは、始まってまだ五十年も経っていない。

崇高なるものが人を罪に押しやる

先に述べたところを証明し、別の方法で戦争を定義するために、一旦『オラース』に戻り、その重要な言葉の一つを調べてみよう。「彼は死すべし！」と老オラースは叫ぶ。わたしはこれを、崇高極まりない言葉と聞くことはできない。フロイト博士がわれわれに教えたことの、逆を意味するものとしか、考えることはできない。この言葉のなかに、息子を殺す意図を認めぬためには、どこまで耳をふさげばよいのか。すべての戦争の実態は、耄碌した老人の体から、口からは、純粋な、生の、裸の真実しか出てこない。すべての戦争の実態は、血みどろの恐怖以外のものではなく、人はそれを歴史と呼ぶ。再び言う。戦争とは何か。それは愚かな老人が自分の双子兄弟ともいうべきいま一人の老人に対して、村長に、国家元首に、目の前にいる仲間の長に対して、許しを求めること以外の何ものでもない。「おまえはわたしの息子たちを殺したいのか。それならばわたしの息子たちがお前の息子たちを殺すことを受け入れよ」。平和条約に調印し、二人の相棒の意見はまことにうまく一致する。彼らの息子たちは巨大な墓地の彼方にまで続く、行儀よく並んだ墓に休らう。地平線の彼方まで、オラースとキュリオスの二兄弟の墓のみが続く。国民はこれら愚かな父親たちのために、銅像を建立する。そして生き残った若者たちに対しては、もともと彼らの心の内に存在しない、父親殺しという意図が実はあったのだ、と教え込む。このようにして大講義室でまたは病院で何千という学生に対して、父親殺しという教義が、教え込まれた。その一方で何千万という若者たちが、老人たちにより不名誉の地と呼ばれる原野に没した。これに過ぎる欺瞞はあろうか。

「彼は死すべし！」この言葉を聞くときわたしは、ただそれを聞くだけで嫌悪感に喉を締め付けられる。かつてロンギヌスやカントなどの先人たちにより、崇高なるものとされてきたものがわたしの喉を締め付ける。このうえなき恐怖。宣戦を布告し、息子たちに殺し合いをさせて喜ぶ、哀れな老人の告白。若者たち同士が殺し合いをして、老人たちの力と栄光をさらってゆかぬようにする。無力になっても自慢方々、剣を抜く振りができるよう。「老いこそ我が敵！」と一人が叫ぶまさにその時、敵は息子を攻撃する。老人は叫ぶ。「彼が死ぬのだ。わたしではない！」二人は既に地に埋もれ、三人目がそこに加わるのだ！

コルネイユは、オラースのコンプレックスを、その真実を理解した。その卑しい老人は多く人に讃えられながら、ローマの若者をみな、殺そうとする。同じく愚かなアルバの老人は、これもアルバの若者を殺そうとする。こうして国の元首、将軍、戦略家、その他、多くの国家指導者たちは、殺し、殺し、殺す。アキレウス、アガメムノン、ブルータス、ナポレオン……フォッシュ、ヒトラー、スターリン……彼らをしてその野望を叫ばせしめるために、死が彼らに何か教え込む必要など、あっただろうか。それが死によって教え込まれたのでなかったとしたら、われわれは、かの崇高なものを前にして、あかるく讃えの歌を歌うことなどできただろうか。平和というものが何であるかを知った人々は、あのような銅像を取り去らなければならない。

老いたオラースは、あたかも水のほとばしるかのように、「彼を殺せ！」と叫ぶ。この叫びがまたしても、正確にまた正当に、この戦争を息子殺し、と定義することを可能にする。老人の権力は、どこからこの死の権力を得たのだろうか。ここでまたしても集団の存続に欠かすことのできぬ、人口削減という問題が現れる。それによって利を得る者の卑劣さに気づかぬ者はあるまい。さてそこでわたしは倫理学から人類学に移行する。先に述べたような叫びの源は、如何なる無意識、如何なる人格的なもの、如何なる集団的なもののなかに埋もれ隠されているのか。

始原と定礎

再び問う。『オラース』のなかで何が起こったのか。かいつまんで述べてみる。最初の出来事は歴史のなかで必然的に発端となるもの、すなわち死に隣りして出来る一つの集団の定礎・成立である。始原の発端は、最初の無謀な企てに始まる。暴力の成長は逆方向に進み、低減に向かう。そこで初めて、生活が可能となり時間の流れができる。われわれは無知にもこれを歴史と呼ぶ。進む方向が逆であった場合、殺人が増大し、大洪水すなわち極限までの殺戮がなされる。すべての集団、そしておそらく人類が、完全に抹殺される。地域的に限られていた死は、全体の死となる。ティトゥス・リウィウスはオラースの最初のエピソードを語りながら、すなわちその著『ローマ史』の冒頭から、そしてコルネイユは彼の後、時の流れを逆方向に辿った。それはカクースが牛を後方へと歩かせたのに同じである。チャンピオンを代表とする制度、さらにそれ以前、軍隊を代表とする制度は暴力の噴出を縮小させる。歴史を語ることを可能にするためには、歴史そのものを逆方向に語り始めねばならない。

このように逆方向に転換された時、オラースの歴史はローマの歴史を可能にする。それは法と秩序ある戦争とを発明し、ローマの基を定め、その歴史を開き、存続させる。もしそうでなければ、何もない。そうでなければ、暴力の増大がすべての痕跡を消し尽くす。

オラースは、始原についての反対称的主人公である。『オラース』は社会的なものを逆方向から基礎づける。

カタルシス

始原を語るこの悲劇のなかで、歴史家ティトゥス・リウィウスと違ってコルネイユは、二つの状況について記述する。暴力が再発し、まっすぐ増大の方向に、正方向に突き進む状況である。

われわれは第三幕において、二人の王に対して、危険な反乱が燃え上がるのを見た。カミーユの呪いは、被害者ローマの周りに陰謀をめぐらす近隣諸国を、正確に数え上げ、ついでイタリア全土、さらには東洋西洋の協力を列挙する。それは海山を越えて、世界中何百の国に及ぶ。この増大は二度にわたり、しっかりとリズムをとって近隣の国から地球全体に、最後の大洪水に向けて、呪いのうちに拡大する。

わたしは、ガロンヌ川の洪水を記憶している。この川そのものの増水に加えて、上流にあるアベイロン、ジェール、アリエージュ、下流にあるロットで流れも加わる……。岸に垂直に取り付けられた計測尺により、増水の量が測られていた。カミーユが目盛りを数えて呪いを激化させたと同じように、数字が示されていた。呪いにも段階がある。まず王により犠牲が決められて、それは抑えられる。そしてカミーユの殺戮により、世界に対するリンチ、都市に対する大洪水は留められる。

これら二つの状況のうち、特に第二のそれは顕著な上昇を示しこの悲劇作品が、この二つの交互作動する動きを意識していたことを示している。オラースの話を反転し、混乱増大の危険を如何にして取り除くか。混乱は民衆の怒りにより、カミーユの怒りにより、予見不可能な状況のうちに、いつでもここに、再来する危険がある。一つは川の氾濫、疫病、死の危険という意味において。いま一つはそれに対する治療、手当という意味おいて。哲学者が、カタルシスと呼ぶところのものである。

不法から法へ――ロビン・フッド

二つの始原の力学がある。「悪」のそれは「正」の方向に連続することなく、再び戻ってくる。「善き」法のそれは暴力を如何に制圧するかを真に理解するのに、十分なものでない。ところで『オラース』は、ここで話を打ち切るわけではなく、一つの独特な道のあることを語る。トゥルルス王と老オラースにより保たれていたところの、宗教的、聖なる、王制・家長制の機能は、やがてすぐに、審判の機能に移行する。リンチの被害者となるおそれのある王は、まず犠牲の祭礼を命じる。やがて第五幕において、法廷で裁き、決断を下す。彼は君臨し職権を行使し儀礼を進めるなか、法律を発布する。ここで反転が行われることは、疑いない。オラースの劇の進行、いやすべての悲劇の進行が、反転される。すべてがルールと法に向かって進むようになる。ラグビーで言うならば、すべてが裁定の方向に向かって流れる。なぜなら法なくして、歴史はない。哲学者が契約と呼ぶところのものなくしては、集団は成立しない。確かにすべては、野生の状態から出発する。森の狼たち。しかしおのおのが相手をむさぼり食うだけでは、そこからは何も生じない。法というものが現れて、暴力を減衰させなければ何も生じない。とはいえ、その法は、如何にして始まるのか。ここでまた、疑問にぶつかる。

わたしは他のどこかで、自分なりに、シャーウッドの森の話をしたことがある。この森はまことに無法なところであって、ローマ以前の狼の森、レア・シルヴィアの森である。略奪と縛り首の輩の逃げ込む、呪われた場所である。殺し合いもしていただろう。ところである日、勇気のある旅人たちが、この危険な場所を通りがかり、緑色の制服のようなものを着けた一群に出会った。彼らは、ロビン・フッドと噂される頭に従っていた。ここに含まれる矛盾は意義深い。先に言ったようにここは無法の土地。一方、ロビンという名は、法廷で法官が着する法服をいう。森のロビンとは字義通りに言えば、まさに無法の地を司り法を編み出し、これを布告し守らせる者のこととなる。これは裁き人であり、また仲裁者、言い換えれば法制度である。

法は無法から生まれる。

世俗的権力、霊的＝精神的権力

聖なるものについてまず見ておこう。既に見たようにそれはまず犠牲を介して生まれた。

スピノザは、預言者と王とを分けた。福音書は神とカエサルを分け、われわれの歴史では教皇と皇帝を分け、ギリシア大正教司祭とツァーリを分け、ルイ十四世とボシュエを分け、ルイ十五世と啓蒙哲学者とを分けた。要するに、二つの権力にそれぞれの首長を置いた。一方は硬く、警察と軍隊、また一方は柔らなる祭礼と言葉。それぞれは付かず離れず、しかも不可分である。まことに賞賛に値するものと言えよう。今日政治はメディアなしでは動けない。またメディアは政治なしではやっていけぬ。いとも早いサイクルで、人を惹きつける時間の見世物《スペクタクル》。時間の流れのなかで、一方がいま一方を、そしていま一方がまた一方を作り出してゆくその動態を、われわれは忘れてしまっている。

ユピテルは、二つの人格を通して君臨する。彼は王としての機能と、陽気な人格とを併せ持っている。トゥルルス・ホスティリウスは戦争の王であり、犠牲の決定も行う。彼は聖なる役割を持ち、まず身代わりであり、次いで補佐役となる。そして法律を発布し、ルールによって採決する。現代人の目から見れば、霊的＝精神的権力と世俗的権力とを併せもつ者、と言えるだろう。

まず硬なる場において、暴力から聖なるものが生じる。聖なるものはやがて、ルールを定める。これは柔らなるものである。そして今度は柔らなるものが柔らなる見返りとして、硬き暴力に枠を嵌める。人間の社会制度というものは、このような硬軟の二元から成っているのだろう。人々の身体と魂、この二つの極は、各々蓋を押さえ、あるいはゆるめ、時として対立する。われわれ自身の身体も魂もおそらくこのように進んでいると思われる。

あるものが他のあるものの始原にあり、またその逆に後者が前者の始原にある。一つの自力回転する輪のように、すべては運行している。拡大伸縮する暴力は、枠組みを要求する。この両者は共にやがて縮小に向かい、まず祭礼が、次いで法が構成される。正しきものと強きものは混じり合い、対立するよりも一つの輪となって互いに支え合う。

聖なるものへの回帰

これまでの理解を確定しておこう。民衆の反抗を抑えるためにトゥルルス王は犠牲を捧げることを命じた。犠牲者の死は、民衆の怒りの的となった王自身の、身代わりである。一方、戦いを終えたオラースは、妹を殺す。人はみなこれを犯罪とする。殺人者は、王の法廷に引き渡さなければならぬ。しかしそのためには、既に法の機能していることが、前提となる。ところで自然の時代にそのようなものが、あったのだろうか。そのような機能の有効性は疑わしい。

明らかなことであるが、ここで問題となっているのは犠牲であって、さらに詳しく言えば人身供犠である。オラースはカミーユを殺してのち、彼女は不敬であったとする。彼女の呪いは冒瀆にあたる。さらにいえば、二国の軍隊の間で行われた、この二組の三人兄弟の間の戦いは、二度にわたってこの二人の王により決められており、わたしはこれを人身供犠と見る。三人目のキュリアスを倒した勝者の言葉、これがその証拠である。

「今倒した二人は、我が弟たちの御霊《みたま》に捧げる。敵三人の残る一人は、ローマに捧げよう。いざ、ローマのために、血祭りにしてくれん。」

［…］

アルバ人は刀傷を受けており、歩くのもやっとの有様。祭壇の階《きざはし》に置かれた犠牲《いけにえ》さながらに、とどめの一太刀を受けんがため、自ら胸元を突き出しているように見えました。*1

この悲劇は太古の時代、自然の世紀を思わせる。われわれの目から見れば、アブラハム以前の時代、人身供犠がまだ行われていた時代である。そのころ人はまだ、息子を、女を、子供を、殺していた。文化も人類も共にこのような先祖の時代をくぐり抜け、血みどろの神々を作りながら出てきたのだ。そして、わたしが先に挙げたこのような時代は、わたしが青年期になるまで続いた。わたしはいまだに思い出す。われわれは、しばしばこの記憶のなかに突き落とされる。追憶のなかでわれわれはこの悲劇に身震いして叫ぶ。共食いを、してこそ生きる大鼠。そこまでしても、生きたい誘惑は消えない。老オラースの叫びに、それが響く。このおぞましき妄想を如何にして脱することができるのか。テレビには、電子ゲームには、まさにこればかりが取り入れられ、見世物《スペクタクル》のなかに出てくるわれわれの社会は、人身供犠の宗教と結ばれている。

そこで突然われわれは、逆方向に映写されるフィルムの核心に身を置くことになる。犠牲は暴力の蔓延をとどめる。悲劇はその名が指すように、いつもスケープゴートを扱い、悲劇的人物をあらわす。『オラース』のなかでは各人が、死にその身を捧げ、女も男も犠牲となろうとする。そして犠牲は捧げられ、さらにさらにさらに広まってゆく。わたしは言うのを忘れていた。人々が反乱を起こそうとした時、トゥルルス王は犠牲を捧げることを命じた。しかし、犠牲となる者の名前も身分も指定しなかった。そしてほとんど同時に、兄弟同士の決闘に話が戻ってしまう。あたかも戦いそのものが、犠牲にとって代わったかのように、すべては進む。後は神明裁判について述べるなかで話すこととしよう。

話を続けよう。オラースはキュリアスを殺し英雄となる。彼は自分の妹を殺して、殺人者となる。彼は同じ日、同じ時、同じ怒りの糸をたぐっている。確かに彼は殺す、そうだ。人身供犠は広がる……。しかしわれわれ見る者たちは、彼が次々に行う同一の行為のなかに、まず英雄的な行いを見る。ローマはそれを祝福し最高の名誉とする。しかしそこで殺人の過ちを犯し、裁きの庭に引かれてくる。われわれはいまそこにいる。

こうして犠牲の後に法廷が続く。そして宗教の後を法が継ぐ。ここでコルネイユが、第五章で示していることがある。それは、彼を批判する人たちがまったく理解しなかったことを、彼は作者として理解していたのだ、ということである。すなわち、根源にある、悲劇的、宗教的な力が一つになって、暴力を堰き止め、枠に収めようとする、法制化の方向に向かって進んでいる、ということである。少なくとも暴力をなだめようとしている。楯や剣を打ち鳴らすのではなく、矛盾に満ちた論議や弁明で間に合わせながらも進んでいる。

悲劇は、硬きものを柔らなるものに変える、変圧機として機能する。戦野を法廷に、剣を弁論に、世俗的なものを精神的なものに変形する機能である。

訴訟における宗教的犠牲――神明裁判

幕間を取ろう。ドイツ語で判断という単語は《Urteil》である。これには判決、判定の意味もある。この語は中世の言葉《ordalie》、神の判断、水あるいは火による神のお試しを意味していた。いったい誰が信じたことであろうか。素手を燃える裸火に曝すことにより、また訴えられた者を水浸けにして、その有罪／無罪を明かすことができるなどとは。有罪／無罪を決めるこの方法が、あまりにも野蛮極まる習慣だったので、教会とフランス王聖ルイは、この風習を禁止した。

その一つとして、司法上の決闘を課するものがあった。ジャルナックの決闘と言われた例が、よく知られている。しばしばこれは、ゲルマン民族の習慣がラテン系の国に導入されたものとされているが、この対決がオラース兄弟とキュリアス兄弟の対決、あるいはダビデとゴリアテの対決と、いったいどれほど違うものか、わたしには判然としない。これらの場合においても、理はいつも勝者の側にある。これは貴族、上流階級、次いでブルジョワ階級の間に伝えられ、世俗的な決闘という形で、多くの小説に語られている。この習慣はその後、民衆的、スポーツ的な形を取って、レスリング、ボクシングとなっている。さて問題となるのは、この神明裁判あるいは司法上の決闘とされるものが、正義というものの成立していくなかで、祭礼としての犠牲の痕跡を留めているかどうか、という点である。犠牲的祭礼と法制との間の移行段階に、何かあったとしても意外ではあるまい。オラースをはじめ、おそらくすべての悲劇がこの位相の変化を正確に伝えている。三人兄弟二組による決闘の形を取った神明裁判といい、妹殺しについての神明裁判といい、すべての神明裁判は、最終幕における判断、すなわち法による判断に向けての歩みなのではなかろうか。

われわれは見世物《スペクタクル》を見るようにして、集団スポーツの試合に立ち会う。概ねわたしはルネ・ジラールと同じ考えなのだが、演出される悲劇はまずリンチに始まる。そこでは一つの集団全体が、一人の犠牲者を殺すことに参加する。この犠牲者は被疑者であってスケープゴート、キリシャ語でいう《tragos》である。ところでこの被疑者といえども訴訟人の代表者に対して、自己弁護をする権利は持っていて、訴訟人集団そのものも、一歩あとに身を引き、新たに行われる見世物《スペクタクル》の第一の観客となる。司法的決闘が行われ、レスリングあるいはボクシングの、一対一の闘争が始まる。ダビデ対ゴリアテの戦いである。チームとチームが相戦えば、キュリアス家とオラース家の戦いとなる。ここに、集団スポーツの最初の試合が成立する。殴打に代わって弁論が行われるようになると変化が起こる。宗教的犠牲から法、祭礼、訴訟への移行がなされる。判断、判決が下され、決定あるいはまた、同数の場合は最終採決がなされる。このようにして、神明裁判は司法判断へと移行する。すべてが逆の方向に進み、法が制御し、枠付けし……、戦闘という暴力を封じ隠してしまう。

幕間の続き——審判

ルールの外に戦争はなく、スポーツもない。法律、そして法律だけがそこで勝負をする。対戦するには審判がいる、という意味ではない。それとは逆に、審判そのものが、その細部にわたって、勝負を作り出すのである。このような逆方向に考えることは、個人的スポーツにせよ集団的スポーツにせよ、あらゆる試合にとって肝要である。特に身体のぶつかり合いが、暴力と紙一重のところまで近づくようなものにおいては、重要である。既に幾度か繰り返したことだが、『オラース』の悲劇がこれに当てはまる。この悲劇は逆方向に展開する。最後の幕は、第一幕と理解されねばならぬ。この話の条件そのものと、解さなければならぬ。

これとは逆の方向を辿ってみよう。夜の街のなか、酒場の前……誰でも何か良くないことをすることができる。背後から、殺すこともできる。いとも強く、いとも簡単に、打ち倒され、死ぬこともありえよう。これは既にテロリズムに近い。無法の行為である。あるいはまた、古来言われる、万人の万人に対する戦争に近似する。この概念の何と抽象的であることか。

ここでいま一度逆転する。われわれは何の恐怖もなく、激しいぶつかり合い、モールの混戦を見る。それは審判がルールを、ひいてはわれわれの命を、守っているからである。反則、ハイタックル、レッドカード、退場、試合の一時的中断、あるいは終了。スポーツは暴力を制限する。それが法の制約なしに暴れる時は死にさえも至る。そうだ。それは、若者を教育し、彼らのなかにある野蛮な性向を制御しているのだ。審判がなければ法はない。ゆえにスポーツもない。法がなければ戦争もない。こうしてまたわたしは自分のテーゼに戻ってきた。

一つの目的、一つの試みがあれば、それは幾つかの司法的行為を含む、と定義される。それは事実によらず、法により、そう定義される。あのスリークォーターが、あのフォワードがその行為を認めたなどということがなくても、審判はそれを作り出してしまう。その目的、その試みが、そこに「あった」のだと、言葉で言うことはない。審判はそれを拒否もしよう。そこに何の意味もないからだ。それは、審判の決断によって存在し、この決断によってのみある。これは、世の美風良俗に対する違反の始まり、とさえ言えるかもしれない。まさに公民の法に対する無視であり蔑視である。このような言葉ではまだ甘い。それはわれわれが、未来に世代に対して抱いている尊重の気持ちを根底から歪曲するものであり、本末転倒せる教育により彼らを抑圧することである。審判ひとりが、行為の目標を想定する。何ゆえか。もしそうでなければ、あちこちに判定不服の声が出よう。傍目から見れば、異なる意見もつけたくなる。

審判の持つこの至上権は、彼がその決定を翻すことは絶対ないという事実に、正しく表れている。いや彼はそれができないのだ。そのことは、次のようなことから正当化される。民事にせよ刑事にせよ、法廷において、一人の判事の出すすべての判決は、被告人に対して、最高裁に至るまでの他の審級に控訴する機会を与えることができる。それはなぜか。なぜかと言えば、そこに要する審査作業に多大な時間を費やし、裁判の正しさを確保せねばならぬからである。即決裁判は、つまるところ、ほとんど非正義を意味する。また逆に言えば、試合上にある審判には、時間がない。ラグビーのルールは一試合を、八〇分と決めている。フットボールでは九〇分である。進行中に中断の笛を吹いて、いま一度同じ体勢を取らせるのは、法的に言って例外的な場合、あるいは試合の進行に直接関係のない場合以外にない。ここで三一致の法則の一つ、時の一致が出てくる。場所の一致は法廷の試合上、これこれのスポーツを行っているというところに行動の一致がある。

わたしは、審判が過ちを犯すことはない、と言う者ではない。その逆である。彼はその人間としての弱さの上に過ちを犯す可能性のあるゆえに、その法的権能を持っているのである。みんながみんな過ちを犯す可能性があるからこそ、誰か決断をする者が、決断するのだ。それが彼なのだ。英語で彼を《umpire》と呼ぶ。この語はフランス語では《impair》「奇数」を思わせる。女性にせよ男性にせよ、二つのチームのどちらにも属さぬ者、それがチームを裁くことができる。トゥルルス・ホスティリウスはその名により、戦争を裁き、三人の英雄たち二組の前で埒外にあり、最後の審判を下す。

悲劇への回帰

悲劇は戦争を知らない。哲学は間違えて、万人を万人に対立させるものを、戦争とした。双方とも、各人の各人に対する単一の暴力を、こう呼んでいる。それは古えより、呪われた、恐ろしい、すべてを根絶するものである。何ゆえ王たちは、ここで軍隊を留めようとするのか。それは、まだここに軍隊というものがないからである。まだ、戦争というものがないからである。どうしてまだ、戦争がないのか。それは、まだそのしきたり〔法〕がないからである。

しきたりがあってのみ、戦争がある。戦争とは何か。それはしきたりを制度化したものである。このしきたりがなければ、戦争はない。しきたりが消え去れば、戦争はやむ。現在に住むわれわれにおいてさえ、その通りなのだ。

悲劇『オラース』最終幕は、訴訟で終わる。この劇の流れがすべて逆方向に展開されれば、最終幕は第一幕となる。われわれはやっと始原に到達した。ここに向かってわれわれは、ゆっくりと、後ろ向きになって、前進してきたのである。

ローマは、しきたりなしでは建設されない。しきたりが暴力拡大の妨げとなる限り、しきたりはすべての社会に条件を課す。ここに人間集団の始原がある。多くの哲学者たちが既にこのことを述べている。すべては契約をもって始まると。その通りだ。しかし、そこに行き着く道を見出さなければならぬ。

そこに行き着くには、反対方向に行くしかないのである。

祭式と礼拝

その他のことは、小さな細部のこととしか示していない。例えば、最も哲学的、最も精緻な、最も正確な、最も詳細な説教集全巻とて、祭礼、位置、仕草、腕、掌の位置、断食、食物禁忌、夜中の行事、睡眠、誕生、死亡、成人、結婚、その他の祝儀等々……の事柄しか示していない。『レビ記』を見るがよい。ユダヤの人々またその他の人々の聖歌集、カトリックの聖務日課表を見るがよい。神の決められた日課は、修道女・修道士たちにより良く正しく守られ、彼らをその囲いのなかから真っ直ぐに、地から天に向けて送り出す。

一方に神秘主義と神学理論があれば、これに対して教会法規と祭式を盛んにし、空間と時間の細部を埋め飾る。わたしの知る限り、ほとんどすべての宗教が、次のような二つの面を備えている。すなわち、その一つの面は、抽象的、統合的、観想的な面である。いま一つは個別的な動作で満ちている。既に述べたことであるが、牧畜と農業は、アニミズム的な諸々の宗教において、様々な儀礼として始められたのではないか、とわたしは思う。

先に述べた方向転換はあまりにも大きな注意を引く。ここにいま一度注意を向けてみよう。瑣末な付け足しのことまで、よく組織され、数え切れぬほどの色々な状況が、すぐそこにある苦悩を消し去ってしまい、あなたは恐怖に襲われたことはないか。あなたは気を失うほどの不幸に落ち入ったことはないか。どこかの悪魔が長々とあなたを貪り食うような……。あなたも既に御存知のように、いつも襲ってくるこれらの苦痛に対しては、かなり有効な対処法があって、これらの苦痛を抑えることにより、あなたは死を怖れなくなる。この対処法は、顕微鏡的細部にわたって、実存の時間のなかで行われる一種の処置であって、それは限りなく繰り返される。儀式、数珠繰り、長々とした祈り、詩篇頌読などによりこの苦しみは消し去られる。祭式は恐怖を殺す。ルール〔法〕は暴力を解消する。斯くして後者は前者を必要とするものとなる。

王政というものは、その始原を聖なるものから得ている。王は犠牲でもある、ルールもまた同様であって、同じ語源、同じ言語学的源、言い換えれば祭式のうちに、その源を持っている。

ルール一般

しきたりは暴力を組織し、それを減衰させ、それに形とルールの外皮をかける。そのうちの最たるものが、戦争のルールである。したがって戦争は、暴力の単なる暴発ではなく、その方向を転換させることにより、その拡大を抑え留めることである。法律的名称の複雑さも、宗教儀礼集の複雑さを映し出していると思われる。

この悲劇そのものを見ていただきたい。そこには幾つかのルールが支配している。三単一のルールもその一つである。行動はキュリアス家とオラース家のみの対決である。場所は両軍の間に建つ城壁のもと。時は、死に至るまで……。

行動はアントニウス対オクタビニアヌスである。ナポレオン対ブリュッヘル[*2]の戦闘。場所はこ、テルモピレ、ファルサル[*3]、アウステルリッツ、ヴェルダン……。時は一日間。戦いはその夕べに終わり、無数の死者。ヴァグラム[*4]の勝者はワーテルローの敗者。このような悲劇、あるいは戦役一般、紛争、危機、歴史について、さらに語ることがあるだろうか。

行動。ラグビーをする。選挙に力を入れる。訴訟に取り掛かる……。場所、方形の競技場。投票用紙記入場、閉ざされた法廷。時間、八〇分。一日、三ヶ月……。

一般的に言って、もし場所の単一性を護らぬならば、暴力はどこまで広がる脅威となる。もし時間を限らぬとしたら、それは留まるところを知らず、続く。もし行動が全般に及べば世界中が戦うことになる……。

ルールは抑制し、制限し、柵をめぐらす。それは堰としての機能を置く。その後しきたりとなってあらゆる種類の係争のなかに入ってゆく。おそらく、社会のなかのすべての文化制度との係争となろう。今後われわれは、世界に押し広がってゆく、最も恐ろしいものの意味について取引することとしかできぬだろう。

コルネイユとティトゥス・リウィウスは戦争の始原について語り、これをしきたり〔法〕の制度化と定義した。

何ゆえ斯くも多くの人々が、戦争を不可避のものと信じているのか。確かにそれはやむことなく続けられている。しかしそれが反復されることそのものが、われわれ集団の始原を、しきたりによる暴力の削減として示している。しきたりが契約に先行するのではない。しきたりがそれを実現するのだ。それでよいのだ。

訳注

1　コルネイユ『オラース』伊藤洋訳、『コルネイユ名作集』、白水社、一九七五年、一六三―一六八頁。

2　ゲプハルト・ブリュッヘル（一七九二―一八一九）。プロイセン王国元帥。一八一五年、ウェリントンとともにワーテルローでナポレオンを破る。

3　ファルサル。ギリシア（テッサリア）の地名。カエサルがポンペイウスを破った。

4　ヴグラム。ウィーン北東部の戦跡。一八〇九年ナポレオンがカール大侯を破った。

第四章　戦争からテロリズムへ

合法と公正

先にわたしは戦争を、しきたり〔法〕の制度化として定義した。ここでわたしはテロリズムを、不法行動の全体として定義する。しかしわたしは、法と正義を混同するものではない。わたしの知っているすべての言語では、実際この点微妙であって、この二つの語とわれわれの行動は、二重の意味を持っている。すなわち、合法と公正である。合法は正しい秩序を指し示さぬことがある。また逆に言って、正義がつねに法律のなかに書き込まれているとは限らない。

われわれは歴史のなかで、夥しい数の不正な政令に悩まされた。また時として、英君、聖王がこの世界の外なる別の法廷にこれら政令の廃棄を訴えたこともある。それらは、合法化された残虐、悪意、正当を自称する濫用に満ちていた。如何ほど効果的に機能する法典であっても、その唱える道徳性を、十分に発揮できたことはなかった。精神は条文を離れることがある。

ともあれ、あえて言えば、一つの法規がより正しいものに変えられて、以前のものを不正の塊として否定するようになれば、歴史は進む。この動きがなければ、われわれは政府を変えることなどなく、制度も風俗習慣も変えぬだろう。正義は到達不能な地平線として輝き、硬き正義から別の柔らなる正義へと、走り続けるのだ。夢を見ている時ではない。歴史を生きるなかでわれわれは幾度となく後退の憂き目を見た。後退と前進は混じり合っていた。悪いことにわれわれは、この正・負二つの方向の、真の意味を、いつも正しく推し量ることはできない。

法というものは、口承によるものも成文によるものも、政治が行う以上に集団を組織する。正義とは観念的なものであるから、文として書かれずとも、時には暗黙のうちに、人をして夢見させ、願いを持たせ、考えさせ、決定させる。法は人をして人を裁かしめる。正義は人をして法を裁かしめる。

司法の面からこのように定義されている限り、戦争は正義のものとはなりえない。法はそこにおいて、爆発的暴力を枠組みに入れるのを助けるだけである。いったい、正義の戦争などいうものがあるのか、あったのか。そんなものが、これからもあるはずがない、とわたしは思う。戦いの後、死骸が積まれて山をなす、その恐怖こそ先に立つ。この残虐を前にして、何ほどかの公正を実現するために殺戮をしてもよいという考え、いったいこれは何だろう。他よりは少し野蛮の度合いが薄いかもしれぬ。ところがこの手段こそまさに、わたしが暴力の拡大と呼ぶ、あの野蛮を推進するものなのだ。またのちに述べよう。

逆に言おう。テロリズムは、法の拘束をいっさい受けない。かと言って、すべてのそれが不正義とは限らない。わたしが尊敬する人々のなかには、テロリズムを、解放の行為と考える人もいる。とはいえ、この方法は他の方法よりもおそらくより野蛮なものであって、それ自身わたしが暴力の拡大と呼ぶところの野蛮に突き進むのではなかろうか。後述を確約する。

このようにして、少なくともわたしの目から見れば、正義の理想、正義の観念というものはいずれも、物の役に立つものではない。一方、戦争においては、ただ単にルールのみが問題となる。ルールが試合を組織し、試合を可能にする。例えば先に挙げたラグビーである。戦争よりも苛酷な試合、確かに嫌悪を催し、死さえある。しかしそれは和らげられている。この衝突においては規制と儀礼が、無制限な殺人という事態を抑制している。一方、テロリズムの場合には、この抑制がなく、突然、暴力の噴出が起こる。正義はない。ここにもあそこにも。

戦争は社会契約を前提とする

すべての人々に適用される万民法《*jus gentium*》が存在するためには、また、「都市とローマと世界」に向けて《*urbi et orbi*》、宣戦を布告するためには、交戦国が戦火の停止、休戦、平和条約調印に同意するためには、斯く斯くの場合、これこれの時間的猶予、休止、武器不使用、交渉再開可能といった諸々の可能性が、いつでもなければならぬ。交戦国同士に、たとえ漠然とながらも、外交へと向かう申し合わせがなければならぬ。戦争を行うには、既に合法とされた国家がなければならぬ。既に挙げたところの、「国家が戦争を行い、戦争が国家を作る」という言葉は、司法上の意味を持っているように思われる。同様にして個人間に燃えた怒りが如何に激しくても、互いに交わす誹謗の言葉の意味について、暗黙の了解がなければ喧嘩はできない。戦争が法制度であるのは、そこにこの申し合わせ、必要最低限の、暗黙のこの了解があるからである。戦争は社会契約を前提とする。戦争は社会契約の後に続く。前者は後者に先立つことはできない。あるいは両者は、同義的であるかとも思われる。

テロリズムは、契約の前に、あるいはその後に介入し、契約を壊すこともある。このような場合には、何人も何人とも話し合いをすることができない。何らかの組織・集団があって、このような予見不可能な陰謀に、指令したり出資したりするものがいるのだろうか。誰も何も言うことはできない。

法と無法の間の格差

わたしは長々と戦争の始原について述べ、オラースの歴史についてとめどなく語った。それは一重に、無法から法に向かっての、原始のテロリズムから戦争に至るまでの、狭い通り道を明らかにするためであった。それは今日われわれが、喫緊の課題として理解しなければならぬ課題を持っているからである。それは、これまでとは逆に法から無法への移行、限定された戦争から一般化されたテロリズムへの移行を、理解することである。そしてこの逆の方向の道がどこを通るか、調べねばならない。

いずれにせよ、国家は、ただテロリズムだというだけで、戦争を宣言するわけにはいかない。まず誰に宣戦を布告するのか、もしそれをするとしても、ただ布告するわけにはいかない。というのもそれではその国家そのものも、無法のなかに入らねばならぬことになる。そしてさらに、もしそれをしたとしても、過ちを犯すことになる。国家は迷う。その理由は何でもない。法は、無法と同一の場で争う仕方を知らぬ、そのためである。できるという動詞の用いられるすべての領域において、すなわち物理的に、司法的に、道徳的に、さらには正当的に、それができないのである。

ローマ帝国国境の城塞に近く、ドナウ川のほとりで、マルクス・アウレリウスは死んだ。武にすぐれ、平和を尊ぶ哲学者だった。このときローマは、無法の前に屈したのではなかったか。ルールを重んじる数々の戦いに勝利をおさめながら、ローマは、蛮族の侵入と呼ばれるものの前に屈した。蛮族は、前回の侵入の時になされた約束を、再び守ることなどまったくなかった。ローマ歩兵の戦力も、ローマの法もこれには何もできなかった。

信託

このような問題は、戦争という問題を超えた問題である。個人のそれであれ、集団のそれであれ、通常のすべての関係は、文書、口頭いずれにせよ、その契約以前に、何らかの善意と信頼を前提としている。わたしが戦争について言うところは、ましてやこのことを前提としている。そこで問題となっているのは、一つには制御しにくい数の関係であり、いま一つはさらに扱いにくい暴力だからである。

とはいえ、ほんの一時の出会い、短い対話、ごく小さな関わり合いといえども、最小限の同質的な信頼を前提とする。われわれの言語では、かつて、両性が共に床につく時は、婚約の成されていることが求められていた。互いに信頼を交わすことであった。もっと簡単な例を言えば、挨拶するため掌を開いて手を上げれば、その手の中に武器のないことを示し、安心して近寄るのである。古代ローマ人は、「善意」を一人の女神として礼拝した。彼らは互い同士の間で取り交わす善意の軽重を、共通に認めていた。

このように感じ取られ、物言わぬ動作として表され、掌は脅威を表すものではなく、微笑、信頼、礼儀となり、特にこれと表されぬかたちで、われわれの持つ諸関係が始まる。確かにここに正義はない。明瞭なルールもない。辛うじてしきたりと見えるものが、あるばかりである。いやむしろ深いところでカオスを脱しようとする、土台とでも言おうか。われわれの間に保たれる関係は、このような土台の上に置かれている。この混合がわれわれの集団的生活を条件付け、いろいろな組織の細部を準備する。別の著書で既に述べたことであるが、このことがわたしたちの改変（conversion）の前提を成している。

要するにこのことは、既に数多くの社会学者、人類学者が、わたしよりも何世紀も前からはっきりと語っているところなのだ。

宣告

戦争をするための、最初の宣告について語る場合、語る対象を明確にすることについて、説明しておかなければならぬ。まず初めに、それがどこで為されるのか。街のなか、広野のなかで為されるにせよ、集団あるいは個人を特定せねばならぬ。友か敵か。お前は誰か、何という名か、どんな制服を着ているか。何に所属するか。誰の命令でわたしに向かって来るのか。合言葉を言ってみよ。お前の名、本当の名は何と言うか。本当のところ、お前の属す種族は何か。お前の属す軍団は、国はどこか。お前の名を言え。識別《コード》名を言え。法が人に言わせる初めての言葉は、ざっとこんなものだ。

わたしが先に信託と名づけた、基礎となる信頼は、自分がどこに属し、誰であるかを示すことに始まる。偽りがあってはならぬ。まずコード符号が解読され、公にイメージされる。ここで法により、すべてが白日のもとに出される。お前が何者であるか、わたしは知らぬ。これがテロリズムの無法の始めである。お前はどこにいるか。お前はいつどこで、何を企んでいるか。敵は友のうちに隠れていることもある。名を名乗ることなく。

この人物特定が、法の元となる。エゴ――わたしは考える。故にわたしは存在する、と人は言う。エゴとして、わたしはグループに参加する。グループはわたしに、一つの名前をくれる。ここでわたしは、コード〔符号〕化されたものとして生まれる。当面わたしは、このコードがわたしにくれた名しか持っていない。わたしは正直にそれを言う。わたしが生まれた時、母がこの日の光のもとにわたしを産んだ時、父はわたしの名を宣言するために市役所に走った。

しきたりによる殺戮

戦争とテロリズムについて司法的定義を行おうとすれば、それは非常に大きな定義となるだろう。一方、われわれ個人をコードにより特定しようとすれば、その定義はごく小さなものとなる。そして、この両方の水準において、正義という問題は、ほとんど関わってこない。しかし考察の方向を変えて、戦争を一つの制度として定義してみると、この制度は、正義としきたりとの間に横たわる厳然たる差異を、厳しく指摘していることがわかる。

人はしきたりにより人を殺す。確かにそうだ。しかし、正義に基づいて為される殺人はある。オラースはキュリアス兄弟を殺した。彼は義務を果たした英雄である。家に帰った彼は、怒りにより、妹を殺す。この場合、彼は罪を犯した殺人者である。住居と戦場との間の距離は、如何にも小さい。しかし、朱に染まった勝利と死に値する殺人との間の時間的な距たりは、あまりにも小さく、かえって衝撃的である。さらに忌まわしくも、行われた行為は、同じ行為、殺人である。問題はまた、カミーユを如何なる人物と見るかという点にもある。彼女は妹であり、ローマ人であり、共に武器を取った兄の味方でもある……。ところが彼女は婚約しており、アルバの人であり、戦いの相手を愛人とし、その味方でもある。コードの上では名は一つある。しかしこの妹の名は二つのところに所属する。そこで兄の行為を決定するのは、コード上の一つの名である。怒りに狂うオラースには、彼女は二重の人格として映る。彼女は敵であり彼は兵士。二人はしきたりの内にある。彼女は妹、彼は殺人者。そしてその時殺人者はしきたりの外にある。如何に決断すべきか。呪いは宣告に等価である。カミーユはオラースに戦いを宣し、言葉においてローマに対し戦いを挑む。殺人者たるこの英雄は、ここで再びしきたりの内に戻るのだろうか。

ヴィニーの少年

殺すこと、それは犯罪であるか、それとも軍人としての平凡な業務に過ぎないのか。ヴィニーの著書『軍隊の服従と偉大』のなかで「藤の杖」[*1]の主人公は自問する。彼は上官の合法的命令に従って夜中、堡塁した際一人の少年を殺した。悔いに苦しむ彼を慰めようとして、戦友は言う。「嘆くなよ。これが仕事なんだから」。その後この兵士は、自分が殺した少年と同じ年頃の少年に殺される。アルフレッド・ヴィニーは、二重の意味を持つこの決断不能な、行為の先に、何を探し求めていたのか。何か内在的な超越的な何かを求めていたのだろうか。

コルネイユはこれとは異なる。彼は戦争のしきたりと平和のしきたりという二つのしきたりの間の距離を測る。ここで両者は、密接しながら、しかも離れている。その身体において言葉において、カミーユは、許嫁の妹であり、自ら愛する者の親族である。空間的には戦いの場、城壁のもと、家族の家にいる。時は薄暮、一方、武力に基づく法律は殺すことを許し、あまつさえ、高貴な功を成し遂げた英雄として賞賛することを許す。しかしその後いくばくもなく市民の社会に戻り、家に家庭に帰る時、それらの行為は卑劣なものとなる。いま、ここでは、絶対に殺してはならぬ。そこからさして離れぬカペネの門の傍らではキュリアスたちが殺してよい、殺すべきだと語る。それは、そこでは許され、要求され、義務とされ、推奨され、賛美され……ここではそれは、禁じられる。

実のところ、この劇の第五幕は、若いオラース個人についての、裁判と判決について述べているだけでなく、さらに重大な区別を、示しているのである。それは合法的殺人と民事的犯罪の間の区別、ある一つの事件について、ある同一の人物に関する場合について語っている。この人物は二つ、いや、三つの名を持っている。敵の婚約者、殺された妹、そしてこの両者の間にあって、事態の推移にけじめをつけてきた媒体の役である。わたしはこの書の初めからこれを犠牲として、犠牲となる生贄として分析してきた。法廷はオラースを英雄とし、また殺人者として判断した。暗に宗教者と判断したのである。

終わりにあたりトゥルルスは再び言う。

ともあれ明日われわれは犠牲を捧げねばならぬ。

自伝3――宗教としきたり

残虐行為の行為者も、戦闘状態にあっては、正常行為者として受け入れられる。わたしは、かつて戦闘員として苦しい経験をした人々を知っている。その苦しさは、時には、狂気にまで至ることもある。社会生活における普通の条件に適応するための様々な務めとされたもの、絶対的な義務とされたものが、いとも乱暴に、これまでと同様絶対的な禁止事項となる。殺すという行為は、一人の意識を不治の状態に破滅させてしまうことがある。わたしは何人のオラースを見ただろう。戦闘から帰り、狂気に取り憑かれ、その怒りは癒す術もない！　そして社会の不正義は、こうして自分が狂気にしてしまった人々を癒すようにと、精神科医に頼む。ここから逃れさせてくれるような祭式は、もはやわれわれにはない！

　絶対に殺してはならない。この命令は普遍的に有効なものであろうか。一つの疑問が。わたしに一つの道筋を理解させてくれる。それは、生から司法への道筋、すなわち、宗教から法〔しきたり〕への道筋である。そしてそれは、正義へ向けて闇雲に穴を掘ることと言おうか。水道検査のマンホールでもあろうか。

　わたしはパリにおいて一時期、フレーヌとラ・サンテの二つの刑務所で教えた経験がある。ある日わたしは、学生受刑者からの要望を受けて、聖なるものについて話をした。彼らは彼らの間で、激しく論議を交わした。一方には聖なるものを、少なくとも人間の本性から生まれたほとんど自然的なものと考える者たちがいた。これに反してその一方では、聖杯だ、巻物だ、黒石だなど形あるものをそれこれ取り上げ、これは結局、一種の慣性、惰性に過ぎぬ、とした。口論をおさめようとしたわたしは、一人ひとりがしばし沈黙して、死というものについて瞑想するよう彼らに頼んだ。そしてしばしの静けさの後、われわれは一人ひとりが引き受けねばならぬ死だけでなく、人が他者に対して与えるかもしれない死についても、考えるよう頼んだ。突然二、三人が立ち上がって叫んだ。「俺は知っている。聖なるものを！」それは、殺人罪で判決を受けた者たちだった。人身供犠を実際に行ったことのある彼らは、身をもって、その手によって、動作のうちに、聖なるものを体験していたのである。彼らは知っていた。この腹の底から絞り出すような叫びの後、長い沈黙があった。それは、わたしの胸のなかにも響き渡った。わたしはそこで、黒くそして硬い、あることを学んだ。そうであろうと思ってはいたのだが、まだ実際には知らなかったことだ。お察しいただけようか。ここにわたしにとっての生き証人がいるのだ、わたしにとっての証拠があるのだ。肉体を持ち、普遍性をもって叫ぶ証人がいるのだ。これ以上のものがあろうか。

絶対に殺してはならない。これは聖なる命令だと信ずる。それは普遍にまで達する命令ではないか。この点についてわたしは、歴史的資料も文献も持ち合わせていない。ただわたしは、この証言を生きられた証言として、示すばかりである。

ところで、あなたの集団が隣する集団に宣戦し戦う間、あなたは、合法的に、殺すことができる。いやむしろ殺さねばならない。法律がそれを許し、促し、命令し、勲章をもってそれを褒章する。しかし別の場合において法律は、それを断罪し、戦闘の場においてそれを実行しなければ非難を受ける。戦争についてのこの法律はほとんど普遍的なものとされているが、わたしがここで普遍的であると即断した聖なるものの法律から見れば、これは一つの例外として機能している。

この殺人が合法的であることを、さらによく受け入れてもらうために、かの好戦的集団は自らが起居飲食する幕屋（テント）について、その名称コードを変更する。この幕屋により、彼ら自らは死から護られ、他に対して死を与える。この幕屋は戦争省と呼ばれず防衛省と呼ばれる。世界のすべての法律において攻撃を受けた者は何人たりとも、自らを護る権利を有するものと記されている。防衛は攻撃よりもより合法的なものと見られ、防衛という名により、戦争はしきたりの内に入ることができる。

ローマを護るオラースは、キュリアス兄弟を殺すことを許され、また殺さねばならない。その功に対して人々は喝采をおくり、王はこれを讃える。けれども彼は妹を殺すことはできないし、殺してはならない。ここで質問がある。この二つの義務を分ける境界線は、どこにあるのか、敵と犠牲との間の限界は、どこまで辿ることができるのか、カミーユの呪いは、彼女を敵としてしまった。一方彼女のローマ人としての身分と、妹としての身分は、彼女を犠牲とする。戦争の只中、人は誰を殺すことができ、誰を殺さねばならぬのか。

戦争犯罪、人道に対する罪

ところで、さらに細かく話そう。われわれの歴史は、先に述べた呪いよりもさらに怖ろしい、残虐性の拡大を明かしている。まず前線の兵士が殺される。その数は時とともに増大する。次いでそれは戦線の後方に及ぶ。そして一般市民にまで拡大する。上空を見え隠れしつつ、空飛ぶ要塞が都市を爆撃し、何千という女子供を虐殺する。ドレスデン、広島の後、戦いの広がりはスター・ウォーズと言われるまでに拡大した。抗うべくもない力を持ったこの拡大に苦しい抵抗を続けるのは、これを押しとどめようとするひ弱な合法的努力しかない。水かさは増してゆく。質問を繰り返す。この殺人の大洪水を、どうやって、どこで押しとどめるのか。妹で止まるのか。ダレールはそうだと言う。彼は弁護する。裁きの王は否と言う。彼は裁く。

無垢の人々を絶滅した収容所。誰もこれに対して、宣戦布告をしなかったではないか。今した、とニュルンベルグ裁判は言う。それは法の問題でありこの都市に法廷が設置され、勝利者たちは戦争犯罪人と呼ばれる人々をここに出廷させた。わたしの知る限りでは、この種の最初の裁判は、『オラース』の第五幕にある。キュリアス兄弟に対する戦いののち、アルバに対して一人の戦士が立ち向かってゆく。ロンメル[*2]とも言おうか。ところで、妹を殺した後にそこにいるのは、戦争犯罪人である。法で許された限界をはるかに超え出た戦争犯罪人である。アイヒマン、ヒトラー等々。戦争犯罪の概念の示すところによれば、われわれは司法的体制の許す範囲で戦闘をするが、時として何らかの行為は、その域を超え出ることがあり、その場合違反者を法廷に出廷させねばならぬ。それゆえこの法を逸脱したナチは、テロリズムを行ったこととなる。

戦争が法の制度化として定義されれば法廷が開かれ、裁判が行われ、判決が下される。第二次大戦の戦犯判決以降、戦争は犯罪とされ、戦争犯罪人の概念、特に人道に対する罪の概念が明確に示されるようになる。戦争が極端に拡大すれば……、これに並行して司法活動も膨大なものとなる。これらの法は今でもその効力を持っている。

現在の西欧には、戦争を、合法的犯罪の総体として、暗黙のうちに、しかしはっきりと容認する感覚がある、とわたしは思っている。いまわれわれは、一つのヨーロッパを建設したことについて、あまりにも大きな偽善的矛盾を抱えている。この、祖国というもののない空間。それは子供たちの生命を捧げることを要求せず、既に六〇年の平和を保ってきた。これは、われわれの卑劣な死の歴史の流れのなかで、画期的な時代である。

何らかの、正義と言えるようなものが、われわれの決断を導いているのだろうか。

時効

われわれの論議はさらに先まで進んだ。ここでわたしは、ある種の犯罪が時効無しとされていることを、明言しておきたい。刑法においてはある一定期間の後には、訴追を行わないこととしておりこれを時効と定義している。例えば、十年の経過したのちには、たとえ有罪が検証可能であっても殺人者の訴追を行うことはできず、またしてはならぬ、とされている。

先に挙げた人物特定の問題でもそうであったが――この問題については、また後で触れよう――わたしは、時効というものは、法を成立させる一つの基礎と考えている。実のところ、これが司法判決と復讐とを区別することを可能にする。ヴァンデッタの例を見れば、明らかである。時効がなくなれば、祖先を殺した殺人者の子孫を、殺された方の子孫が断罪して殺すことに、他の理由はいらない。時が経ち、誰ともわからぬ人物が現れて、かつて殺された被害者の子孫として復讐するという。これではわれわれは、まったくテロリズムの状態にいることになる。

さらに言えば、何人といえども、その父親の犯した罪の責務を負うことはできない。その犯罪が子の生まれる前のものであれば尚更のことである。人種差別というものは、いったい何を言いたいのだろうか。息子が父の代わりに答えねばならぬとは。厳しく言えば、わたくしは、わたしの後の世代のために答えたく思う。わたしにとっては、わたしの祖先の行った行為の責を辿ることは、出来ることではなく、そのようなことをしたいとは思わない。彼ら祖先の犯した犯罪、彼らの考えたこと、彼らの不幸を、引き受けようとは欲しない。時効というものにより、歴史は一時的に、法廷の役割を継承するものとなる。それはまさに、歴史から法を分離する距たり、とさえ言うことができる。

そこでわたしは疑問を呈したい。柔らなる知を備えた側にある者としては、野蛮な復讐を行うことを許すべきか。何らかの厳しい蛮行により仕返しをすることを認めるべきかというものである。わたしの思うに、時効というものは、道徳の側より見れば、司法の分野における、許しの同類物であろう。しかし記憶の問題を考えるとなると、それは重要な決断となる。記憶は、その内容、その性質からして、時が経っても消すことのできないものとして、存在するからである。そこで問題となっているのは、持続性である。われわれをして、時間経過というものが、如何に働き、如何に有効であるかを考えさせてくれる。法律の基礎として、ただ一つこれだけが、諸々の法律の持つ通常的な不正の埒外にあって、限りなき義務としての正義と、合致しようと試みている。法は、正と区別しなければならぬとしても、少なくとも、その基礎においては、法は正に近づくものでなければならない。

とはいえ、時効は忘却とは区別される。その行為が既に書き込まれて残るという意味において、それは異なっている。法律のなかに実証的に書かれているわけではないが、それが書き込まれる以前に、行間に滲み出た共感というインクによって刷り込まれている、と言おうか。確かにわたしは、ヴェルダンの毒ガスに傷ついた父を思い出す。そして別々の戦場で、同じ敵に殺された伯父・叔父たちを、思い出す。その幾人かはまったく正しからぬ仕方で殺された。しかしわたしは、ライン川の向こうから来たわたしの学生たちに対して、何の言うところがあろうか。彼らの姓は違う。名も違う。わたしとても同じこと。いまわたしたちは一緒になって、ヨーロッパを建設しようとしているのだ。歴史的に新しく、気の狂ったように新しく、ユートピアのように新しいヨーロッパを、その子らに対して命を要求し死を求めるようなことの絶対にないようなヨーロッパを建設しようというのだ。そうでなければどうして彼らを愛することができよう。

ヨーロッパ人の疲れ

人々の上を嵐のように、いろいろな闘争が通り過ぎてゆく。それは収穫を食い尽くすイナゴの大群のように。その後にはもう何も残っていない。戦おうとする意欲など片鱗も残っていない。ローマ人とその百人隊長たちは、世界を征服した。やがてこの大都市は没落し、イタリアは征服欲を失う。ギリシアは既に同様の衰退に陥っていた。やがてヨーロッパの国々において、この衰退から脱却する国が出てくる。スペインの強大な歩兵軍はこの国をアメリカ大陸の王者足らしめた。しかしそれとて待ち受ける衰退を逃れられるものではなく、一九三六年二つに分裂する。ルイ十四世ののち、ギロチンのもとに殺戮の嵐が吹き、ナポレオンは死人の山を築く。次は第一次世界大戦。この戦争を勝ち抜いた勇士たちはこの戦争を《最後の最後の戦争 Der des der》[*4]と呼んだ。かつて好戦国だったフランスは平和国家となり、一九三九年、敵を目前にして敗走する。

そしてもう今後は二度と子供たちを、死のみ多くして意味のない戦闘には絶対に送るまいと誓う。その後ドイツはヒトラーとショアの時代を迎え、同じ恐怖の只中に陥る。アフガニスタンにおけるロシアの失敗も同じ戦いに対する嫌悪を表している。スターリングラード近郊をめぐる巨大墓地はまさにその縮図である。新たにあらわれたヨーロッパは、部分的には建設中である。その各々の段階で、倦怠感が萎縮が広がっている。各国々で人々は、災厄の嵐に打ちひしがれた。子供たちを貪り食う最終捕食者《プレデター》の群れは後には何も残しはしない。知恵ある柔らな平和、老いの平和、疲れた平和、衰えの平和よ。

自分の国と同様に年老いたわたしは、老オラースのような立場は取らない。彼のように叫びもしない。あの醜悪にして崇高な態度はわれわれの取るものではない。この崇高さは何か別のリビドーを崇高化した、憎むべきものとしか思われない。いまでこそ、こう言うことができる。世紀は変わった。ただ単に名称のみではない、われわれは正義に向かって近づきつつあるのか。理想的な正義、形相的にも正義と言えるものに近づきつつあるのか。恐怖に蒼ざめ、われわれは、現実に尻込みし、闘争心を失い、嫉妬も硬い心も失いつつあるのではないか。悲劇は古代のものとなった。悲劇の人間はもはや理解できぬものとなる。わたしは『オラース』の象徴的終焉を生きてゆくのではなかろうか。

古代の霊的＝精神的なものの世俗的なものへの失墜

柔らなものに話を戻そう。これについては後で何度か触れることとなろう。世俗的（temporel）／霊的＝精神的（spirituel）という対句は、硬きものと柔らなるものとの変種である。王と裁判官、宗教者と兵士。彼らは彼らに付き従うものほど個人ではない。トゥルルス・ホスティリウスは、集団に関する二つの権能を兼ね備えている。わたしは先に問うた。仲裁をするのは誰か。それは先の二つの権能の、どちらに属するのか。

世俗的権力という言葉は同語反復である。明白である。一方、霊的＝精神的権力という言葉は、矛盾である。そしてしばしば虚偽である。つまるところ権力というものは、武力、軍隊、警察、その他、身体的、物理的、制約を行使するものであって、すべて時間の働くなかで行われる。これに反して、精神は時間にとらわれず、そよ風を、息吹を語る。時としてそれは柔らに、また時としてそれは激しい風となる。ヘブライ語では《*ruagh*》、ギリシア語では《*anemos*》、ラテン語では《*âme*》と《*esprit*》である。この穏やかな流れは結晶した岩に対抗する。英語における《ハード》に対する《ソフト》にあたる。ということで霊的＝精神的権力が実力を行使すると、それはそれ自身の本性を失い世俗のうちに転落する。それは精神（esprit）を離れ、一つの権力となる。かくして正義は法のうちに落ちそこで実現する。神秘的なものは、政治のなかに落ちる、とペギーは言った。[*5] 歴史は、様々な宗教、教会についてこの崩壊を語っている。いまも随所に見られるところである。

ここでともかく、一つの例を示そう。科学と文化に関する穏やかならぬ例である。広島と長崎で何千という死者があった。[*6] この時以来、科学は、コンドルセ、コント、そしてルナンが科学に指し示した役割に到達することができずにいる。世俗的世界を導き方向づけするという、真に霊的＝精神的な力としての役割を引き受けてから、既に二世紀。戦争があったため、タイム・アウト。何千という企業がそれ以来研究と開発のおかげで力と栄誉を得て、産を成したところでまたしても、脅威が激しくなり、タイム・アウト。ビッグ・サイエンスは世俗的権力を牛耳っている。今日、人が文化と呼ぶものは、平和産業、ラジオ、テレビの大放送網、世界的ベストセラー、スポーツ大会、公共の場で嫌でも聴こえる音楽等々。すべての企業がスペクタクル社会に覇を競い、巨大な金融投資を導入して、最大限の人を攫もうとする。こうしてここでも、意識の搾取の只中に置かれ、タイム・アウト。この《文化》も、世俗権力を管理している。

科学に次ぎ、人が今日文化とするものに続けて、わたしは躊躇いながら大宗教を取り上げねばならぬ。どこでも人は、宗教が戦争を引き起こす、と言う。パレスチナとイスラエルの紛争、イスラム原理主義者が引き起こすテロ行為、等々。これらは世俗的なものの領域にあるからもちろんタイム・アウト。

いったいわれわれは、霊的＝精神的「権力」なしでは、自らを救うことができない。ではどこに、それを求めるのか。如何にして、それを構成するのか。

現実による定義——部分的か全体的か

世俗的権力は、自己の「現実」を養い育て管理する。その際、この現実を一本の線に還元する。すべての軍事権力、すべての宗教権力　あるいは教義的権力、すべての経済的権力がこの還元を行う。今日ではメディア・スペクタクルの権力も同様である。わたしは全体主義というものを、これらの還元の結び合わされたものと理解している。全体主義の暴力は、自分の権力をしっかりと据え付けるために、自分が信じ、人にもそれを信じさせる。この還元を攻撃あるいは防御するための力関係、あるいは競合が、歴史を生む。戦闘は一種の区分け、限界を想定して行われる。それゆえ、個人間、集団間のこのような力関係あるいは対立は、先に挙げた還元の内に含まれる切り分け方の細部にのみ、存在する。世俗的なものは、自己領域を護るために戦う。それは地図上で切り分けをし、国境において戦闘を行う。それはこの部分的なもののために殺人を行う。それは従ってそれは公正ではない。わたしが特に強調したいのは現実を細かく区分けすることと紛争との間の、決定的関係である。ユピテルはまったく宗教的な神として、自らを信じさせる。マルスは戦、軍の神として己を示す。キリニウスは、今日すべては経済に還元されると説く。三つの権力、三つの区分、三つの欺瞞。この三者は三者とも、すべてであると主張する。三つの観念がそれぞれ、唯一の観念として君臨する。こうして三つの全体主義が存在することとなる。

いや違う。《世界》は、物神《フェティシュ》に還元できるものではない。戦場での勝敗に、金銭や商品といった物神《フェティシュ》に還元できるものではない。これら三者の物神《フェティシュ》化は、自分自身の部分的なものを現実的なものとして押し付ける。ところで現実的なものは、それが《世界》の保有する普遍性に到達する限りにおいて、現実的である。しかし一方、《世界》はその全体において《世界》である。世俗的権力は部分的であって、外見に過ぎない。人は外見のためにしかに戦わない。

逆に、いやむしろ、霊的＝精神的（spirituele）力とは、そのもの自体権力を持たぬ精神（esprit）であって、現実的なものを、そのあるがままに受け入れる。その全的充満のなかで受け入れる。ところが世俗的なものは、これまでも述べたように、切り分けられた部分的なものにしか関わろうとはしない。一方、精神にとってみれば、力は、競争や力関係ではなく普遍的総体のなかにある現実に属する。特定の何かに、誰かに、属するのではない。いやむしろ、人はこのあまりにも定義し難い精神というものを、全体性の基準において認知することができる。唯一、その帰結と言おうか、精神は権力を取ることはしない。精神はこれを現実に名指せるからである。精神は現実を手中に握る時、世俗的なもののなかに墜落する。部分のなか、不公正のなか、そしてやがて戦争のなかに、失墜する。精神は、宇宙の完全を観照するところに、大きなよろこびを見出す。そして深みのなかにある人間の悲惨を自らに引き受け、これを憂い悲しむ。このようにして総体性として捉えられた現実の内において、現実は、人を殺す如何なる理由も、戦争をする如何なる理由も与えるものではない。世俗的権力が行う諸々の還元。これをわたしは全体主義と呼んだ。しかしそれは、先に述べた全体性とは対立する。このようにして、ここに《世界》が現れる。これに対して戦いを挑むのが、事実としての世界戦争である。

不公正な戦争と口に言うのは、同語反復に等しい。けれどもこの種の戦争は、いま部分的であること、したがって世界的なものではなく、普遍的なものではないと定義すること、これまでになかった新しいことのように思われる。

世俗的なもの（temporel）と一時的なもの（temporaire）

具体的なものと呼ばれる細部に工夫を凝らすこと、それらを支配し、それらを所有するために戦うこと、権力はこういうことのための時間しか持っていない。そのために世俗的権力は自分が支配しようと求めているこの部分的なもの、自分のものとしようとするこのものこそ、唯一現実的なものである、と信じさせようとする。例えばヘーゲルは言う。現実的なものは合理的である。

大変都合がよい。合理的それはA対Bである。比例である。計算可能なもの、部分に分けることのできるものである。このような決断が人を主人と奴隷の戦争に導くことは驚くべきことではない。その後如何ほど多くの人が、具体的なものと部分的なものとを混同し、現にあるものと現にすることとを混同したことか。これはあまりにもしばしば繰り返され、陳腐化し、スペクタクルの戦争として当たり前のこととなり、繰り返し演ぜられ、主人と奴隷は音楽に合わせぐるぐる回り、互いに相手を追い続ける。

部分的なものは、遠くまでいかない。それはわかっている。世俗的権力は、一時的なもののなかにたちまち消失する。ところが霊的＝精神的なものは一般に観念論と嘲られながらも息長く続き、そこに含まれている真正な現実主義が許す限り、持続する。なぜならそれは、すべてを包含しているからである。それはより大きく目を開き、より現実を見、より長く生きるのである。

その例は数多ある。十九世紀、英国のさる大佐が、新発明の機関銃を乱射し、彼の部隊の前に立つ多数のチベット僧をなぎ倒した。彼らの身を護るものとては、風に揺られる祈りの旗しかなかった。屍は山を成し、英国軍は勝利した。悔恨の情に苛まれた大佐は、すぐさま仏教に改宗し、英国人はやがてインドを去った。チベットの僧侶たちはいまもつねにそこで祈っている。彼らは今日もまだ、中国により殺戮の銃火を拭いつつある。北京におけるマルクス主義権力は、これからどれほど続くだろうか。クレムリンからそれは消えた。しかし教皇庁は、スターリンによっても分割されることなく、いまだに二千年間持続している。
硬きものは脆く、柔らなるもののみ持続する。

持続ある発展

わたしとともに現代を生きる人々は、持続ある発展を求めるかのようなふりをしている。そして、この茶番劇を人々に信じさせるために、経済も技術も政治も走りまわっている。猛きものは絶対に滅びる。それらは躊躇わず走る。存続するものは、ひとり精神だけなのだ。如何なる世俗的権力も、かつての軍事権力、警察権力も、近頃の科学権力、経済権力、金融権力、そして政治権力、その後のメディア権力も、皆々部分的な権力であって持続性を手にできるものではない。明日誰が、ペリクレスの名を、《槍持つ人》〔ポリュクレイトスのブロンズ像〕の名を覚えているであろうか。その一方、世界中の子供たちがターレスの幾何学を歌にして覚えている。わたしたちも口ずさむ。《柔らなるもの　やは亡ぶ　憂き世なる　硬きものこそ　続き難けれ》

わたしは、ルソーが既に述べたこと以外、何も新しいことを言ってはいない。世俗的なものは、自己を存続するために、自分の力を法に変え、服従を義務に変えねばならぬことに気づく。そして、司法と倫理と精神的なものを用いて、自己を確保する。それは偽善的に金を使用する。レーニン、スターリン、ヒトラー等は、イデオロギーなしにはその権力を確立することはできなかった。リシュリューやルイ十四世も、神からの法なしでは安定を得られず……、今日の政治とてもメディアなしでは存立しえない。このように何らかの形で「精神的なもの（esprit）」として発現してくる現象のなかに、世俗的なものの何らかの失墜が見られるのではなかろうか。

逆に言えば今日、われわれが長い持続と称しているものは、逆説的なことながら、言ってみれば、そよ風のような柔らなるものの内にこそ見出されるのではなかろうか。とはいえ、風というものを創作するわけにはいかない。風はその欲するところから吹いてくる、思いがけず突然に。思いもかけぬ方向から。もしわれわれが諸々の文化の内でも最も長く続けられているもの、すなわち文学を軽視し続けるならば、われわれは確実に持続というものを失うだろう。文学は今日排除され忘れられている。要するに力を奮うものにとって、何の音も立てず、見た目に何も役立たないものとなっている。力そのものが、市場の競争が、現実政策《レアルポリティク》が……、端的に言って戦争が……、創造的精神の目を大きく開かせる、とあなたは信ずるか。世俗的、部分的な戦争は、小さいものを存続させる。この小さきものは悲しくもまた死を免れぬものであって、現実にある平和なよろこびを、隠してしまう。精神は権力を持たずとも、ただ現実であって、いつでも限りなく、平和に生きてゆく。

戦争は何の役に立つか

わたしたちの若い頃、耳には弁証法という言葉しか聞こえてこなかった。主人と奴隷の戦いと階級闘争である。声高に叫ばねばならなかった。この闘争が時代を生み、活動を生み、変革を、すなわち歴史を生む、と。そしてそこに、現状と、それを超克する奇跡とが生まれるのだと。幸いにして持続性と厳密性の上に立つ、科学によって育てられたわたしは、不躾にもこの論理の闘士に対して、この論理において新しい発明というものを行うことが可能であるか、訊ねてみた。答えとなるような例は、得られなかった。結局わたしにはわからなかった。二つの機械的力が拮抗して働くと、不動状態になってしまうのではないか。あるいはまた同じ場で働くのでない限り、二つの回転運動は別々に行われるだけではないか。

わたしはルクレティウスの言う微視的な場におけるクリナーメンのことを思い出した。液体状態における渦巻きや分離の動きである。宇宙論的水準では対照性の断絶。混乱状態のなかでの蝶の羽根の運動。化学における触媒。新ダーウィン説における突然変異。ジェンナーのワクチン。パスツールの微生物研究。これらに見られるごく小さな変更から、有機体に変化の生ずることのあることを発見した。そこには、大がかりな対決も騒々しい戦いもなかった。のちに上梓した拙著『パラジット』〔邦訳は、『パラジット』及川馥・米山親能訳、法政大学出版局、一九八七年〕のなかで、まったくゆるやかに進行する共生状態のなかで、変形の生ずることを学んだ。さらに他の書物を書き進めつつ、わたしは、わたしたちの歴史の流れのなかで決定的な革命がどこから来るのかを、明かさねばならなかった。それは大きく言って、エクリチュール、印刷、新技術、すなわち情報の蓄積、処理、受信、発信から来るのである。この負のエントロピーのエネルギーは、正のエントロピーで感知できる水準の強さに比べて、何百億分の一にも及ばぬ小さなものである。「人間書き、歴史なる」《*Dum homo scribit fit historia.*》。ところで以前からわかっていたことだが、ドイツ語とは異なりフランス語では、人間が書く歴史と生成する歴史とを、一語で指し示している。あたかも前者が後者を誘導しているかのようである。しかし、待ってほしい。《世界》は、われわれと同様に、いやさらによく書き記す。われわれと同等というよりさらに巧みに、情報を貯蔵し処理し受信し発信する。「神はかり、世界なる」《*Dum Deus fit mundus.*》。これは柔から硬への移行である。結論として言えるだろう。物理的、科学的、生命的、人間的、集団的なすべての領域において、何と多くの変化が、この種の微視的、微分的な出来事から生まれていることか。

見た目のみ派手で、有益性の乏しい硬きものを前にして、柔らなるものは、決然と、弁証法を嗤う。それは何の役にも立たぬ。それは戦争に対する賛美を、引きずってゆく。この賛美は、殺戮と凶暴に力を貸すばかりである。わたしは目の前に、これらのイデオロギーから生まれた権力が、大々的に何百万という殺戮を行っているのを見ている。論理的殺戮が現実の殺戮をもたらすかのような弁証法。弁証法は、殺戮を好むがゆえに、人間の理性に宿ったのだろうか。繰り返してみる。硬きものは持続せず、ほとんど変化せず、むしろそのままを保持し、静止的状態に陥る。柔らなるものは、自己の持つ改変という矛盾した能力のゆえに、持続する。

　わたしは甘んじて請合ってもよい。社会についても同じことが言えよう。時としてわずか一、あるいは二パーセントの人々の考えが変われば、文化は、政治体制は、国民は、大きな変化を遂げる。これはヴォルテールの誤り、あるいはルソーの誤りである……。一つの新世紀を始めるためには、如何ほどの人が必要だろうか。聖パウロは言う。主の日は盗人が夜くるように来る〔テサロニケ人への第一の手紙、五章二〕。騒音、怒号、暴言が世を騒がす。ニーチェは言う。新しきものは鳩のように歩いてくる。歴史の時代はゆっくりと変わる。

　戦争は何を変えるだろう。封鎖、新しいことのない繰り返しだけではないか。草の葉一本動かず、ただ暴力が暴力を生んでゆくだけではないか。歴史のなかで硬き時代は、いま足踏みしている。しかし、ヨーロッパにおける、六〇年以上に及ぶ柔らなる平和の時代は、人類の再生（Hominescence）をもたらしたと言えよう。

戦争の終わりか

こう呼ばれている出来事の前に、わたしは、法の制度としての戦争の定義に立ち帰ってみたいと思う。そして、この戦争の終焉が個人というものの遅まきながらの実現に、また、最近のヨーロッパの構築に、如何に貢献しているかを見たいと思う。

少年の頃に恐怖の時代を過ごしたわたしは、戦後の青年として、すぐ平和主義者となった。わたしが海軍士官学校を退学したのは、大砲やロケットのために命を捧げることを、避けるためだった。その頃わたしはまだ、後に少しずつわかってくる事柄について、知ってはいなかった。それは、コルネイユ、ティトゥス・リウィウス、古代の諸賢人、ラテン文化時代の賢者たちは、暴力の拡大、蔓延に対して、法によりわれわれを護るために、戦争を制度的な形に定めた、ということである。かつてわたしは戦争を嫌っていたが、いまではそれを保護の役割を果たすものと見ている。かつてはそれを人の手で留められるものと思っていたが、いまではそれをルールに則ったものと見ている。以来ヨーロッパの歴史は、司法制度の支えなしに紛争を行うことを、まったくしなくなった。ローマにおいては宣戦の布告そのものに、特別の複雑な宗教的祭礼が必要とされ、国境の向こう側で槍を投げることまで含まれている。宣戦、講和のための僧会が制定されて、戦闘中も法によるルールが遵守させる役目を果たす。三月をマルスの月とはよく言ったもので、ここで再び年が始まる。戦闘行為再開の法である法がなければ、戦争はない。まったく逆説的であるが、戦争がわれわれを、最悪の暴力から守っている。何らかの無法状態が定着した時には、右に挙げたような戦争は消滅する。それは単に斯く斯くの紛争が終わったということではまったくない。先に定義されたような戦争が、その時、消滅してしまうというのである。今日われわれの生きている事態は、それではないか。しかし、このような戦争の消滅は、平和を意味するものではない。その逆である

テロリズムの誕生

トロイ、ローマからフランス革命に至るまで、戦争は正確なルールに従って行われた。このルールの目的は、暴力を制限することであった。まず職業的軍隊があった。先に例として挙げた二組の兄弟戦士は、代行と制限の行われ方を象徴的に示していた。その後、戦場その他での詳細なルールが作られる。

突然、義務的な兵役制があらわれる。これは人民に対する呼びかけであって、祖国は存亡の危機にある！という。ここで暴力のカメラは再び正の方向に廻り始め、その範囲は拡大する。選ばれた戦士数人に代わって傭兵隊が登場し、フランスにおいては人民のほとんどすべてが動員され

る。息子たちはすべて戦線へ。われわれの祖先が大なる苦労の末実現した司法的確認は、悲劇的徒労に終わった。恐怖政治がこの崩壊に加担した。そして若い年齢の男性すべてを戦場に送った。かの酒場そのものである。ヨーロッパは恐怖政治におののき、ギロチンは働き狂う。その後ナポレオンは、この徴兵を利用してさらに陣を進める。突然、多数の兵士が無償で手に入ったのだ。その多くは義勇兵だった。革命を行ったフランスと、自称稀代の名将に対して、人々は大きな恐れを抱いた。この将軍は全国民に召集令をかけるという、徴兵人口の突発的増大を巧みに利用して戦略を立てた。戦争をする者は、もはや職業的兵士だけではなかった。国を代表する兵士、国の身代わりとなる兵士、雇い兵だけではなかった。ともかく、『オラース』に出て来るようなものではなくなった。「レースの戦争」と呼ばれた戦争には、何か古典悲劇に通ずるもの、スペクタクルとしての何かがあった。人は戦場において劇『オラース』を、武勲詩を、法を演じた。フランス革命は調停による終結を捨て、暴力が蔓延するのを野放しにした。われわれの近隣諸国から見れば、まさにテロリストの名に値するものだった。大衆動員。法による動員。暴力蔓延の危険が野放し状態となった。

テロリズム、続き

その頃我が国は、殺戮と狂気の虜となっていた。始めはギロチンが狂乱の猛威をふるっていた。次いでナポレオンによる数々の会戦。そして一九一四年の開戦へと残虐な死人の山は拡大する。先に述べた狂乱が、再び蔓延しはじめる。革命の恐怖政治は、何千という男女を殺した。ナポレオンの帝国は幾万という屍で地を覆った。先に挙げた世界大戦は幾百万という農民兵を犠牲にした。その数のあまりの膨大さは、この世の終末の大洪水のかくやとばかり、人々を恐怖（テロル）に陥れた。ギロチンの血に飢えた狂人たちは、自らテロリストと名乗った。

ヨーロッパの他の国々も、やがてこの殺戮の狂気のなかに入ってゆく。英国はインドにおいて、またすべての大陸において。スペインは一九三六年。ドイツはヒトラーに率いられ、ロシアはレーニン、スターリンのもとで……、暴力の蔓延はその極限に達する。死者の数は億をもって数えるまでになる。統計学者が言うように、たとえ人口の増加を考慮に入れたとしても、死者の数はそれを上回る。このような恐ろしさにおののいているところに、さらに社会衰退の苦しみが加わってくる。ところがある人々はそこで、今日の平和なヨーロッパ、という方舟を作ろうとする。

啓蒙時代と言われる十八世紀の終わり頃、斯くしてフランスはテロリズムを発明した。われわれはこれを嘆き、よその人がこれをわれわれの土地に運び込んだと思い込んでいるが、この暴力蔓延と無法状態を引き起こしたのは、われわれなのである。衰退の歴史……。フランス、そしてヨーロッパそのものが、この死人の山から立ち直ることができるのであろうか。黙示録（アポカリプス）はフランスとともに始まった。恐怖政治とともに、ナポレオンとともに始まった。これに惹きつけられたクラウゼヴィッツは、その証しである。彼の書『戦争論』は、極端へ向かっての上昇を描き出す。恐怖時代への突入を描き出す。しかしこの時、彼はこの恐怖を戦争と混同していた。その点、彼は誤っていた。逆である。その時、戦争は終わったのである。

戦争の終わり——暴力蔓延と無法

今日われわれは、この戦争の終わりと言うべき、長い移行期間の終末を生きている。わたしの考えでは、この戦争は、その源を文化・歴史のなかでも古代ギリシア・ローマにもち、われわれはテロリズムの登場に立ち会わされているのである。わたしはこの時期の終わりの始まりをフランス革命、特に恐怖政治の時代に位置付けたいと思う。理由は二つある。戦争とは逆に、テロリズムは、無法の行為を行う。さらに加えて、戦争とは逆に、テロリズムは大洪水として拡大する。大洪水が広がる時、戦争は終わりとなる。

この法的理由の上に、さらに二つの事実的理由が加わってくる。今日では、唯一の超大国が、すべてを破壊することのできる実質的力を保有する。われわれは、二つの力の衝突というものを考えることができない。冷戦時代に潜在的状態としてそうであったような、そのような状態を考えることはできない。双子と言おうと、二重と言おうと、とにかく相手というものが消失してしまったのだ。他者というものがない。ところがその超大国が如何ほど自己を最強と自認したにしても、自他共にそれを認めたとしても、一つの争いにたとえ膨大な出費をかけたとして、宣戦布告のない争いを終わらせることができない。世界の中でも最も弱い国のうちでも、最も小さい国の起こした争いを、終わらせることができない。第二の理由、すなわち経済的な理由について考えてもみても、中規模程度の国に対する紛争でさえ、どれほど費用のかかるものなのだろうか。

要するに、戦争というものは法の上で終わるのである、事実として終わりであり、軍事力不足ゆえに終わりであり、金融の面からしても終わりである。事実、法なき暴力は存続しよう。テロリズムはフランスの恐怖政治時代に生まれ、国境を越えて発達してきた。この法なき暴力拡大は、枠も限度も終わりもない。平和を意味するに程遠く、平和を準備するものではなく、平和の終わりは、止めどなき暴力を投げかけるだけである。何と恐ろしき逆説だろうか。戦争というもののなくなったことを惜しむことは。

二つのテロリズム

思いもかけぬ爆破事件が、あちこちに起こり、人々はパニックに陥る。確かにそうである。しかしその犠牲者の数は交通事故犠牲者の数には及ばない。われわれはこれら爆破の犯人を強く断罪するが、われわれにはさらに恐ろしいものがある。それは、国家が、国民が、行う真のテロリズム、人命流血の伴う国家行動である。戦争に関する法には一顧だにせず、あらゆる法を無視して星にまで手を伸ばし、死を求めようとするものである。

第二次世界大戦についての統計によれば、レーニン、スターリン、ヒトラー、その他の国々の政府によって、実戦の場以外の場所において、犯罪により殺された死者の数は、戦場で殺された死者の数を、明らかに上回っている。殺人を標榜するようなイデオロギーを実行に移した大殺戮の狂気こそ、明らかにより大きな殺人を行っている。合理的に組織された大量絶滅、この国家によるテロ行為こそ、何にも勝るテロ行為である。

わたしは疑いたい。これらの国々が外に向かって宣戦を布告したりするのは、彼らの行為がテロリストの無法の行為であることを、隠蔽するためではないか、と。

集団と個人

戦争が終わったこと、最後の戦争が終わったこと。これは少なからぬ意味を持っている。そこに新しい事実があるからである。というのは以前われわれの周囲を取り巻く集団からわれわれに課されてきた統制は、われわれ自身の課すものよりも小さくなる、という事実である。先にわたしは戦争を定義して、社会的、集団的、チーム的、共同体的……な制度であるとした。それは何ものかに所属するという、恐ろしいリビドーを内に秘めたものであった。先にわたしは『人類再生』のなかで、人間存在にとって死というものが、著しく後退したものとなったことを、述べておいた。この所属のリビドーは、西欧では既に消え去っているが、その他の地ではまだ現存し活動している。神風は、「大衆がこの死を至上の美しきものとすることを願った」。悲劇の人間は、自己の集団のための犠牲として自らを捧げる。オラースのように自らを捧げることを受け入れ、さらには周囲の人々の壮大にして奇異なる勝利の喜びのために、幾百万の屍によりこれを購う。集団は個人に勝る。その肉を食い、その血を飲み、その存在を奪う。集団だけが法を基礎付ける権威を持つ。人格は存在しない。

ところが西欧においては、この人格があらわれる時、すべてが変わる。明らかに人格という観念は、ソクラテスの弟子たちの内に生まれていた。それはキリストの使徒たちとパウロの信者たちの間で高められ、アウグスティヌスの『告白』やモンテーニュの『エセー』のなかに花を開く……。二千年にわたって小さな歩みとはいえ、一歩一歩を積み重ね、今日目に見える形を取って現前している。厭わしくも死によって貼りつけられていた集団から、個人は脱出することができた。かつては、おぞましくも残酷なものであった集団。いまやわれわれはそこから、何も喜ばしきものを得ることはない。競技場の試合のなかで、贔屓のチームにリビドー的共感を燃やす以外に、集団のあり場はない。喝采に沸き、死ぬほどのことは何もなく、その時々の勝負に熱中するが、これがかつては、集団の古き政治の場として、生き死ににも関わるものだったのだ。いまや個人は、自らを死から護るための法を、要求する。かつて銃に花を飾って出征した兵士たちは、数年の命をそこに賭けた。[*7] 今では二〇歳の若者は六〇年を賭けることになる。持続が違う、リスクが違う、戦争が違う。思いもかけぬ全体的な世の中の変わり方。寿命が変われば、人の生き方の内容も変わる。死は後退した。悲劇は後退した。集団は後退した。生命は前進した。その数において、またその希望において、前進した。それは個人の前進である。

これまでわたしが長い時間をかけて理解し説明しようとしてきたところ、それは逆方向の動きである。いまここでわれわれはこの逆方向の動きについて意識を持つことができる。われわれは話し、考え、生き、行動し、決断する。自立的な人間として、これを行う。人々と一緒に生きてゆくためには、われわれはもはや死を必要としない。それだから、「お情け錨」酒場の脇で、フットボールの試合の前と間とその後で、フーリガンが相争うだけだ。今日われわれは、どのような集団に、命を捧げることができるだろうか。

個人の誕生、人格としての人間の出現。この新たなる自立性……。それらこそが、戦争を終わらせ、このヨーロッパを実現することに、寄与する。このヨーロッパは、その子らに対して、死を求めることは決してない。さらに言おう。共通の母語というものを持たぬわれわれは、われわれ自身その子であると感じていない。それゆえ、われわれの血を吸い求めるような魔性の母などはありはしない。

われわれは、あの集団的な戦争から解放される。そしてそこに付き纏う、法からも解放される。個人となったわれわれは、所属というリビドーから身を剝がし取る。現在の個人主義を批判するモラリストたちは、政治家、社会学者、アンガージュマンの闘士たちは、少なくとも数字の上で、社会のリヴァイアサンが何十億という屍を要求していることを、知っているのだろうか。集団により宣告された戦争からエゴは自らを解き放し、われわれをも解き放す。

とはいえわれわれは、平和安穏のなかに生きているわけではまったくない。

訳注

1　アルフレッド・ド・ヴィニー。十九世紀前期フランスの詩人・小説家。「藤の杖」は、彼の代表作『軍隊の服従と偉大』のなかの一挿話。

2　エルヴィン・ロンメル（一八九一—一九四四）。ドイツの国防軍元帥。リビア、エジプトで戦功をあげた。後、相当暗殺計画関与の疑いを受け、総統命令により服毒自殺。

3　ヴァンデッタ。コルシカに存在した習俗。侮辱あるいは殺戮された被害者の後継親族が、直接同等の復讐を行う権利を持つ。

4　《Der des der》la derniere des derrières guerre「最後の最後の戦争」を略したもの。

5　シャルル・ペギー（一八七三―一九一四）。フランスのカトリック作家。ドレフェス事件に活動。第一次世界大戦初頭に戦死。

6　両市における人的被害が千単位で示されていることは、いくつかの意味ではなはだ象徴的である。

7　一九一四年八学開戦直後、銃に花を飾り、三ヶ月後の凱旋を疑わず陽気に出征した若者たちは、塹壕の泥土に消えた。

第五章　世界戦争

先に述べた論議にいま一つ、ルネ・ジラールの指摘するところを加えておこう。彼の言うところによれば、キリスト教はその始めから、犠牲に関わる古来の祭式や神話を、人々を護るため作られた虚偽と見なして、これを用いることはなかった。これは集団の暴力を、一つの犠牲奉納へと切り替える根も葉もないでっちあげであって、スケープゴートを殺す者はみな、スケープゴートを罪ある者と信じていたのである。このような神話が機能していたギリシア・ローマの時代について、わたしが分析を行ったのは、そのためである。オラースとカミーユ……いったい彼らに、罪はあるのかないのか。

戦争とテロリズム——終末の危険

真実が現れると、すなわち犠牲に罪のないことが暴かれると、犠牲に向けられたわれわれの怒りと怨念は、その行き場を失う。それがわれわれ自身の暴力であることを、目も眩むばかりに見せつけられた時、これらの祭式や神話の持つ古来の虚構は、もはやわれわれを護ることはできない。キリスト教のテクストは書として記されたテクスト『黙示録』となった。ところでキリスト紀元を生きるわれわれは、事実上の終末に向かって、大きな危険、普遍的な危険に向かって、突き進んでいる。

恐怖政治時代に再び暴力の拡大が始まった。無法状態が再来した。われわれの暴力の真実が遂に明らかになった……。この三つの新しい事態によりわれわれは、宗教からも司法からも何の保護もなく、世界の終末の大洪水の災害に、盲目的な大混乱に直面することとなった。戦争は法により、神話は虚偽によりわれわれを護ってきていたのだ。われわれはどんな危険に晒されているのか。まさに、終末そのものである。いったい誰が、何が、われわれをそこから護ってくれるのだろうか。

戦争の第二の終わり——まだ続く呪い

ローマとアルバの戦争は終わった。愛する人を失ったカミーユは絶望に陥る。勝利者である兄を前にして、彼女は呪いの叫びを上げる。

ところで、敵対するオラースとキュリアス両兄弟の憎しみはどうなるのか。向かうべき対象も相手もなく、それに対応する何ものもない。まさに近親相姦というべき、兄の妹に対する愛があるというのか。オイディプスの場合は、世代の違いのあることが話を和らげていた。またテーベの王の罪は父親殺し、母子相姦であって、ルネ・ジラールの言うように、糾弾に値するものだった。老オラースの上げる、忌まわしい叫びが聞こえる。そこで罪とされるのは、父親殺しではなく、息子殺しである。月下に広がる大墓地が示す戦争の跡。犠牲となった幾百万の息子たちが、きちんと平行に並んで眠っている。息子たちは、父親たち〔戦争指導者たち〕を憎むよりも、自分の兄弟たち〔敵軍兵士〕を憎んで戦い、死んだ。母よりも妹に惹かれる例は、文学に歴史に、数多く繰り返される。シャトーブリアン、バルザック……、『ポールとヴィルジニー』。サビーヌとカミーユも、劇『オラース』のなかでこの愛を生きる。

そして狂ったようにローマとアルバの間の死の闘争を嘲笑う。ローマは愛（*Amor*）を殺す硬きもの。アルバはラテン語で白を意味し、トロイの敗北を継ぐ柔らかなるものを意味する。彼女らは、すべての闘争、すべての戦争、すべての英雄、戦士、剣、楯を嘲笑う。彼女らは愛を欲し生きることを求める。女の愛と生命。それは雄性のこととする憎悪と死ではない。ここに見られるように彼女らは、われわれより二千年進んでいた。死に取り憑かれた古色蒼然たる雄性のローマよりも、四世紀進んでいた。ローマよ、裂けて散れ！　カミーユは千倍も、いや十万倍も正しい。彼女も、わたしもそしてわたしたちみなも、英雄たちの叫びに嘔吐する。

祖国のために、死する命は、栄えある命。
挙りて讃えよ、この美しき死を。

いまやこのような目的のために駆けつけるのは、テロリストのみである。このような言葉を嘔吐することなく唱えるのは、カミカゼのみである。ところがわたしたちは若き日に、母の乳房とともにこの言葉を吸って育ったのだ。これがわたしたちを、奮い立たせたのではなかったか。テロリストの子孫であるわたしたちは、いま世界中に平和の子らを育てようと欲している。

自分の愛する人を奪った血の海を前にして、心を砕かれたカミーユは、柔らなる感情を抱き、二人の王をあるいはスケープゴートをリンチにかける代わりに、都市ローマそのものを犠牲の象徴とすることを思った。彼女は自分の兄、あるいは誰か別のローマ人を憎悪の対象とすることなく、ローマそのものを死の象徴として指し示した。人類は現実的なものを象徴的なものに変えて扱うことにより、人類進化を遅らせたことがあっただろうか。そうだ、カミーユは柔らなるリンチに思い至ったのだ！　そしてそれを始めた。

「ローマ、これこそわたしの怨念の唯一の的……」。カミーユは隣人を集め懇願する。イタリア全土に呼びかけ、東洋西洋を呼び集め、海山の彼方から地球の果てまで、すべての民を招集しようとする。ここには既に、世界的に暴力を集合しようとする、大洪水の拡大が見てとれる。この暴力の拡大に破壊され、戦争都市ローマは死し、砂を噛む。

女はすべての男どもを駆り集め、戦争を終わらせようとする。この世界に戦争を及ぼす都市を破壊せよ。「開戦事由」《*casus belli*》。死をもって理《ことわり》とする都、これは生きることを理《ことわり》とする都ではない。破壊の理性をこそ破壊しよう。この戦争を、世界戦争と呼んでよいか。よい。カミーユは、一つの世界戦争を考えついた。これは一つのリンチである。しかしそれは人間すべてを集合し、司法的戦争の象徴であるこの都市に対して戦う、リンチである。彼女の愛する人を奪った戦いに対する、リンチである。見るがよい。彼女はそれを立派にやり遂げる。

ところで、それは終末なのだろうか。いや、まさにそうではない

真の世界戦争

カミーユの呪いはやがてリンチの絵巻となり、いまや不可避に迫った暴力の拡大を数え上げる。そこに突然の奇跡。戦いは一変し、思いもよらぬ新たな非人間的な手段により、破壊が展開される。コルネイユもカミーユも、奇しき直感の虜となり、稲妻と雷鳴がこの永遠の都市ローマの上に、原爆よりさらに恐ろしい雷撃を加えることを祈る。何が起こったのか。生命＝女性は天に対して、この死＝男性の理《ことわり》そのものを殺すよう懇願する。生命＝《世界》は死の都を殺す。

我が願いによって、天の神にも火がついて、
ローマの上に火の雨を降らして欲しい！〔前掲、『オラース』、一六八頁〕

ここに新たな種類の大洪水が現れた。わたしがこれまで取り上げていなかった種類のものである。先に『アッティラ』について述べた時には、わたし自身まだ理解していなかった。なぜならこの暴力拡大は、人間同士の間の闘争から来るものではなく、直接天より来るものだからである。宇宙そのものが、怒りに爆発する。

カミーユは、世界の怒りがほとばしり出るのを見る。彼女が願い求めるこの怒り……。わたし

も彼女の後を継いで、世界に対してこれを願うことができるのではないか。われわれの所有物、われわれの世界支配、われわれの産業、技術、輸送、交通、企業活動……、すべてわれわれが火をつけたものではないか。勿論それは天に関することである。しかし天はカミーユの叫びに応じ、答え、人間たちの行為に対して抗議し、反抗する。

カミーユの願いは叶えられたであろうか。然り、その通りだ。

《世界》と天は、その雷撃によりわれわれを脅かしている。人間と人間との間の戦争も激しいものとなりつつあるが、これと比べる時、まだ貧弱で空虚なものである。人間が《世界》に対抗して古来行ってきた戦争こそ、世界戦争と呼ぶことができよう。その激しさは、世界的規模で増大しつつある。

《世界》に対して脆弱なわれわれは、長い間これに対する戦いに敗れてきた。しかし近頃では少しずつ、この法なき戦争に勝つことができるようになった。この戦争は、《世界》との間の約束された法なしに、われわれが勝手に行ったものであった、そしていま、われわれはほとんど確実に、この戦いに破れようとしている。古来われわれが得た勝ち戦《いくさ》に対して報復がなされようとしている。

我が願いによって、天の怒りにも火がついて……

水兵たちの乱闘が再びやむ時、それは公安警察の警棒によってではない。それは海そのものの力による。船が自分の相手とする海、この海そのものの力である。《世界》そのものの力である。地球という惑星に乗り合わせたわれわれは、かねてからずっとこの《世界》に対して戦争を仕掛けている。この戦争に規制をかける法の何とてもないままに。

この力は、危険なリスクを含んでいる。それゆえ休戦、平和条約、戦争被害の賠償協定などの処置がとられる結果となった。乗船全員が非常口に殺到しないうちに、緊急処置としてなされたものだった。こうしてすべての人が、沈没の直前に船との自然契約に署名する……。しかしみなに共通の、願い求められるこの必須の決定も、たちまち忘れられてしまう。それから先は、二つのリスクのうち一つを選ぶしかない。すなわち難船か、終末か。わたしは第一の道がよいと思う。これは第二の道を避けることを可能にするからだ。

ここに出てくる契約は、もはやこれまで取り上げられたような、法に頼る古い契約ではない。人間同士の間で絶えず戦争を行うことを、可能にするものではない。それは、われわれがこれまで盲目的に《世界》に仕掛けてきた戦争を、終わらせるものである。今日、《世界》がわれわれを打ち負かそうとしているその戦争を、終わらせるものである。

《世界》に対する戦争は、如何なる犠牲を払っても止めなければならない。相手は、人間の持つすべての科学的、社会的、政治的力よりも遥かに強い力を持っている。ひょっとするとこの戦争が、人間同士の間の無益で不条理な戦いから、われわれを救ってくれはしないだろうか。こうなると、いままで見たことのない、新しい三者対立のゲームが行われることになる。これまでなされたすべての勝負を、全部否定してしまうようなゲームである。

自然契約は、この世の終末を押し止めることができるだろうか。これがわたしにとっての賭けである。われわれはこれに勝つことができるか。あるいは全員死んでしまうのか。新たな悲劇。それはもはや、個々の人間集団という規模をはるかに超えた世界的規模の、死の回帰である。かつては地位的集団に降りかかったこの死は、もはや各集団に後ろから纏わりつく体のものではなく、人類の地平の全体にわたって寄生《パラジット》しているのである。

これがわたしの賭けである。わたしの希望であり、ユートピアである。いやむしろ、時の流れを超えたユークロニア〔時を超えた空想の境地〕である。これまで歴史の流れのなかで見られた進歩はすべて、ユートピア〔所を超えた空想の境地〕から来たものではなかったか。われわれは新しい時代の立ち上がるのを見た。それはすべて、ユークロニアから立ち出たものではなかったか。

われわれの絶望から引き出されたこのような希望。これに対しては、部分的なものを尊重する観念論者たちから多くの具体的反論があろう。飢餓状態にある国々は、エコロジーの勧めるところなど考慮している暇はない、と彼らは言う。明日の食のために、すぐにも森林伐採をせねばならぬところに、彼らは追い込まれている。この伐採により耕作を行い、よそよりも安価に輸出用産物を作り、地元の人々には食を与え燃料を与えることが、稀にはあるかもしれない。この反論はひとまず措くとしても、これでは短期の必要性が最優先となり、長期の必要性は引っ込められてしまう……。西欧の大企業の株式相場は、それにも増して短期の成果を求めるよう圧力をかけるばかりである。

いったいどうしたらよいのか。飢餓に苦しむ国々の人々が、いますぐにでも健康のこと、教育のことに大きな関心を示すようになるには、どうすればよいのか。健康も教育も、長期の取り組みを見据えたもので、将来の世代に関することである。幾つかの新興国においては、教育の成果が明瞭に現れているのを見ぬわけにはゆくまい。その一方、西欧においては、教育はその質の低下を止められずにいる。富める者の金を追い求める渇望は、貧しき人の飢えよりもより強烈なものではないのか。経験が示しているように、わたしもその通りだと思う論議の必要性をいますぐ言わずともよい。船が難破した時には、乗組員全員が争いを止めることを望む。かつて国と国の間、あるいは国際的であった紛争は、いまや人類全体にとっての、内的紛争となった。

ところで、ここでは契約か世の終末かという賭け、この最重要な問題に答えねばならない。そこでわたしはいま一度三つの原因に立ち戻ってみようと思う。それは暴力の拡大、すなわち戦争というものを終わらせ、テロリズムを生ませたところの原因である。それは、暴力の拡大、無法への回帰、神話の虚構である。

古代より引き継がれ、しかも新しいこの世界戦争のなかで、どのようにこの三つの理由を考えねばならぬのか。

暴力拡大の限界——コスモクラシー（Cosmocratie）

わたしは《世界戦争》（la Guerre mondiale）という言葉の意味を、あえて別の意味に用いているが、まずこのことをお許しいただきたい。世界大戦といえば、普通では、世界の多くの国々を巻き込んだ、第一次、第二次の世界大戦を意味する。しかしここでわたしはすべての人々を《世界》（le

Monde）に対して対決させる戦争を、この名で呼びたいと思う。世界という形容詞を別の見方で用いてみるのである。というのもすべての人がみな、長い間、《世界》というものを忘れていたからである。

幼年、青年、成年の各時代を通じて戦争を体験したわたしは、いまだにこれらの戦争を、この身の内に持ち続けている。スペイン内戦、第二次大戦、そしてその後の植民地戦争である。わたしはそれらをこの身の内に重荷として毒として、持ち運んでいる。あえてそうと思わずとも、生身のわたしは、凶悪なイデオロギーに倒された、罪なき数百万の死に涙する。これらのイデオロギーは休戦の後も、何十年と生き延びた。そして人々の知性と心を荒廃させた。人々はこれと戦ったが、その後これを模倣し、文化と美を破滅へと導いた。どうしてこのようなことになったのだろう。豊かになり、甦った平和に飽食したわれわれは、《世界》を、かくまで醜悪なものにしてしまった。

わたしと同じように、《世界》も身体を持っている。都市、農村、原野、砂漠、大洋、極地、山岳……この身体が、死に瀕する傷を負っている。これは残虐非道な殺戮の地を覆う幾百万の屍にも喩えられよう。それらは人の心の底からの深い憐れみを求めている。

この真の世界戦争、われわれは人間の始原からこれを行ってきているのだが、いまにしてやっとこれを意識するようになった。これはまさに、われわれ人間の全体を地球環境に対峙させることである。これは技術によって始まったのだろうか。いや、サピエンス〔知〕そのものとともに始まった、とわたしは言いたい。採集、狩猟から始めて、次第に空間を侵略していったのではないか。わたしたちにはそれが見えない。わたしたちはそれを考えない。国は国自身のことにのみ汲々としている。政治は己をメディアの中に曝け出し、メディアは政治を食い物にする。金の滴り落ちる魔術師たちの身振りのなかで、日々見世物《スペクタクル》が演じられる……。われわれは、われわれ同士の間の関係にしか関心を持たない。人文科学、社会科学、経済学、政治学は、哲学さえも一緒になって同様の魔術集団を作る。我が国の農業人口が二パーセントになって以来、われわれはみな宇宙知らずになってしまった。われわれは子供たちに、人類は自分たち同士の関係だけあれば飲み食いに事欠かない、と信じさせてしまった。ハイデガーは即断し、われわれの友たる動物を、「世界という点で貧しいもの」とした。いま、われわれの兄弟たちが、まさにそうなろうとしている。

いまわれわれは世界を見ず、世界を知らず、ましてや世界を大事に節して使おうなどは、毛頭思っていない。どこかで大理石の採掘場や鉄鋼脈が開発され、鰊の大漁場が発見されたとしたら、誰が尻込みしていられよう。天からの賜りもの、宝の山が現れた。有難く全部頂戴しよう。狩猟、採集に生きる人々が、新しい食料源を発見した。現代の企業人も、この同じ習慣を追ってゆく。『悪そのもの』のなかで見られたように、わたしたちは現代人の行動のなかに、太古の習慣、いや野獣的な習性の残っているのを、稀には見ることがある。

隣する《世界》

この外なるグローバルな地球という世界を、われわれは失った。都市と政治と古い世界にどっぷりと浸かり、惑わされ、酔わされていたわれわれ。しかしこの世界はまったく新しい姿で、われわれの人間関係という、時として恐ろしき躍動の内に、再びその姿を現す。われわれの目にそれは見えず、われわれは、それに加わろうとしなかった。それはわれわれの関心を、引くものではなかった。個人的また公的な水準において、競争あるいは戦争の場においても。われわれはそれと、何の関係も持たなかった。それはそこに横たわる。そこにあり、しかも、忘れられていた。われわれは飛行機の窓を閉めた。しかし、それはそこにあり、頑として現前していた。

既に述べたように、死はわれわれの近隣にあって、人々を、民衆を区別し、歴史と人類進化の転機を示す。《世界》に隣してあることは、現代と過去の先人たちとの間の相違をなしている。比べてみよう。かつてわれわれは、水平線、地平線により《世界》を認識した。人々が進めばそれは後退した。船が進めば、水平線の丸さは続いた。岩壁や氷河の上に立てば、それは開けたものとなった……。われわれの知っていた死は、その日をいつも先送りしていた。水平線が、いつも死を先送りして、《世界》を隠すことをやめなかった。

ところが、死が身体を離れると、《世界》はその反対に、全き姿で地平の彼方に現れた。目で見え、体で感じられる限界は吹き飛んだ。触覚、視覚、読解、行動の限界が払われた 確かに以前の航海者たち、ピュテアス・ドゥ・マルセイユ、ヴァスコ・ダ・ガマ、ジャック・カルティエ、メルカトルたちは、多くの人々のために、区分けをした空間を創出する図法を作る努力を怠らなかった。しかしこの役割も、いまでは引っ繰り返されてしまう。ほとんどすべての人々が、テレコミュニケーションで通信する。宇宙船で撮影された写真が、広められる。われわれは遂に、われわれの乗る船を、この目で見た。われわれは彼方に向けて話した。それはあった。

ゴヤの絵

ヘーゲルは主人と奴隷の闘争について語った。ところがこれを読む者は、この闘争の行われる場、その場そのものが無いことに気づかざるを得ない。いったいこの哲学者はそれをどことするのか。決闘の場、野原か。ボクシングや相撲の行われるリングの上か。大都市の周辺の貧民窟か。現象学はそもそも外見の表出を扱うものだから、それなら劇場があってもおかしくはあるまい。

これとは逆にゴヤは、これを一つの死に迫った画面の内に示す。哲学者は抽象的に、言葉多く語るけれども、時も場所もはっきりできない。その一方、画家は争いの様を描き出す。流動する砂、憎しみの一撃が交わされるたびに、二人の足はますます深く砂に潜ってゆく。これより危険なものはない。闇のように粘りつく、底知れぬ沼。これは人体にとって鋼の武器よりも恐ろしいものである。

フランス国有鉄道が、パリからブリュッセルとストラスブールに向けて、二本の高速鉄道を敷設するため工事を行った。この時、塹壕の跡も掘り返された。一キロメートルごとに、何トンという不発弾が出てきた。第一次大戦のものである。傲慢なわれわれは、この戦いを世界大戦と呼ぶ。しかし、とんでもない。そこに関わったのは世界の多数の国ではなかった。鉄道を建設しようとする者は恐れを抱き、地雷探知の専門チームの助けを借りて、ゆっくりと進んだ。わたし自身が同僚とともに、ガスコーニュ湾を航行した時も、第二次大戦以来浮遊機雷で危険な大きな海域を、大きく避けて通ることを余儀なくされた。いまでもそうである。アンコール・ワットの遺跡を訪ねる時、その一歩一歩に、対人地雷の危険がわれわれを窺っている。われわれは知っていなかったのだ。われわれが戦うことにより、われわれが《世界》を傷つけてしまうことを。《世界》の抱く平和に向かって、われわれは憎悪を押し付ける。その傷と憎悪は、突然われわれに向かって跳ね返る。

その昔、誰が農民たちの心の内を尋ねたことがあっただろう。農民たちは、種を蒔いては泣き、耕しては涙し、刈り入れしては泣いた。馬上の暴兵どもが、追いつ追われつ、心おきなく荒らし回ったその後に。憚りながらわたしは、大戦の明けた翌日の戦野の様を、語った歴史家を知らない。勝者に立つものに惑わされ、彼らは勝った者の旗と栄光を追う。敗軍の死体の数を数える。ウェリントンとブリュヘルとグルーシーが、[*1]ワーテルローの原野に撒き散らしたした人の死屍の山。農民の命を生き生きと描いた歴史家はなかったのだ。

どちらが勝つかという疑問。この問いは人々に麻酔をかけてしまう。そして勝利者が華々しく獲得するものの陰で、環境が失ってしまうもののあることを、隠蔽する。ゴヤの絵は流砂が勝つことを示している。賢者が示した初めての信号である。地球がその戦いに加わること、そこで勝ちうること、負けうること、あるいは相手を殺しうることを示している。ゴヤにおいては砂が勝つ。戦う人間は埋もれる。われわれはもう少し先まで考える。地球も人間も相手方とともに死んでしまうことも十分ありうる。古くも新しいこの戦争では。

諸々の理論や政治活動においては対立する二者の間の戦いが問題とされている。階級闘争、カースト、政党、勢力争い、国家対立など……その他、古来のあらゆる対立。ゴヤはわれわれに教えている。これからのわれわれは、三者間の対立について考えねばならない。そこに生き、行動し、その成り行きのなかで、自分を組織してゆかねばならぬ。ところが、これはたちまち二者対立の抗争に堕してしまう。相手は変わった。オラース兄弟の誰彼ではない。どれこれの国家ではない。それは人間全体、すなわち人類と《世界》との抗争となる。

今日のゴヤ

いや違う。われわれは《世界》に対して直接戦いをしたことはなかった。というのもわれわれは、神より与えられた法〔権利〕により、それを神から受け継いでいた。創世記の言うところである。植物、動物、土地、山海。これらみな、創造主たる神が人間に与えたものである。われわれは《世界》の、所有者であり主人である。《世界》はわれわれの競争を、育んで見守る背景であった。デカルトはこのような支配的態度を、神より与えられた法〔権利〕とはしなかったものの、むしろ自然なことと考えた。

われわれが《世界》に対して戦争を仕掛けたなどとは、思ってみたこともない。争うことも抗うこともなかった。ただ神聖なる労働があっただけ。だとしたら、われわれの暴力に枠を嵌めるような法が必要とされただろうか。何もないというのに。われわれが資源を開発した。相手の腹から、何もえぐり出したりしたのではない。敵はない。仲間もいない。人間の前には誰もいない。そこにあるのは物体だけ。獲物、果実、魚、大理石、石炭……主体たるわれわれの前に、そこに単に、投げ出されてある。われわれは、人間にしか出会わなかった。いまだに、そしていつも、人間しかいない。それ以外には、すべてを受容するモノしかない。無償で与えられ、使い放題使ってよいもの。《世界》にある全物体を、ある人は、人間ならざるものとさえ呼び、固有の名称を付けず、常に人間に、人間のみに良しとし、そのようなモノとして扱ってきた。社会的政治的全体の補足物として、要するに、われわれに与えられたモノとして。

主人であり所有者である人間は、自分の手に土地を取り、水を取り、鉱物を取り、生き物を食べ、狩りをし、殺し、切り刻み、殺し、収穫し、殺し、養い育てて、殺す。汝、殺しさえもせず。ただ手に取る。返却することはせぬ。交換せず、授受均衡はなく、正義もない人は他者から受ける。《世界》に対して返却の要はない。与えられたものだからだ

いったい誰がわれわれにくれたのか。『パラジット』と『自然契約』を、いま一度書くつもりはない。寄生から共生への道程については、既に述べたところであり、これは法による契約を生きるに等しい。

わたしはかつて、微生物に対する人類の死闘は、手痛い敗北をもって間もなく終わるだろうと賭けた。微生物は三、四〇億年を生き延び数限りない死線を乗り越えてきた。われわれ人類のこの新しい到来が、如何に華々しく知に優れたものであろうとも、微生物たちのあの不断の即応の適応戦略に、抗しうるものかどうか、わたしは疑っている。

学ぶべきこと――共生と平和。

《世界》に対する戦いは、われわれにとってさらに旗色の悪いものとなろう。こちらもまた、一三〇、四〇億年を生き抜いてきたものである。新参者の人類が、この数百万年間に仕掛けた惨事の他に、既に多くのカタストロフィを乗り越えてきている。われわれはそのなかから生まれたものだ。一本の枝が自ら死なずして、幹を殺すことはできない。

学ぶべき第二のこと――共生と平和。

人類進化と与えられたものの終わり

この小さな人間は、最終捕食者《プレデター》であり、自然的寄生者《パラジット》である。この人間が共生という習慣を持つようになったのは、修行と訓練と、長く繰り返し続けられた教育の結果である。ホモサピエンスとしての、何百万年を費やして後はじめて、与えられたものによってのみ生きるという、動物的・小児的条件を脱することになる。『悪そのもの』以来わたしは理解した。それは、デカルト自身、われわれが自然の所有者となることを願いつつ、その一方動物的活動を延長させている、ということである。われわれの哲学で普通に用いられる所与というカテゴリーが、動物の習性の再生産でしかないことを、面白く思った。さらに言えばそれは、《世界》の諸物をまさに人間に与えるという創造の神の言葉に、根ざしている。

わたしはこのカテゴリーを次の質問に置き換えてみる。ここに言われる与えられる代価として、われわれは《世界》に対して何を返すというのか。そこには人類進化の新しい段階を告げる、一つの共生が提示されている。

人間無限、世界有限

われわれは《世界》について何の意識も持っていなかった。われわれはそれを無限と信じていたのだったが。われわれはそれにより生きてきた。特に考えることもなく、ただそれは無尽蔵だと思っていた。それはいつでも、われわれのためにある、と。われわれは眠った。安心しきって、折々は満腹し、とはいえしばしば、飢餓に苦しみ、豊穣の角《つの》の口は開かれていて限りなく、底は知れない。もし空になったとしても、すぐわれわれは走り出し、別の角を求める。同じであろうと異なっていようと、満ちているものを。

そしてその反対に、人間の有限を招いた。そこで《世界》は、正確に規定されている。それは大きい。しかし無限大ではない。巨大ではあるが、無尽蔵ではない、硬くはあるが脆くもある。われわれは人間の弱さに泣いてきた。この弱さは、現代技術の硬さとほとんど関係ない。しかしそれは正確に外的対象物の持つ、限りある受動性を提示している。この有限性はわれわれの欲望に、思考に、企てに、関係しているものではなかろうか。これらはみな無限ではないか。

哲学は、世紀の進む方向とは、逆に進む。われわれは、限りなき世界のなかにいながら、限りあるものを信じ、硬き世界の内にありながら、柔らなるものを信じた。いまわれわれは、われわれの絶望を、思考を、情熱を、創意を、愛を、残酷を、限りなきもののように、この限りある世界の内に見出そうとしている。

正確に対比してみれば、われわれを待ち受ける危険は明日である。有限なる生き物が、歩き廻り、食べ、眠り、跳び、限りのない生息地のなかで這い廻っているのなら、世は易い！　驚くべき危険は眼前に迫っている。見よ。飢えたる者が足ることを知らず、限りある資源をたら腹むさぼっているのを。

われわれは自分たちが《世界》に対して戦争をしていることを知らなかった。われわれが技術を操り始めた時から、世界とわれわれが戦争を始めたことを、われわれは知らなかった。われわれはほとんどいつも負けてばかりいたので、そのことに気づいていなかった。いまではわれわれも知っている。人類の先の先の先祖たちが、この地球からいなくなってしまったことを。再び言おう。われわれは自分自身を、弱く、力なく、穏やかで、限りある、争えば負けるものと思ってきた。いまわれわれはその逆に、《世界》に戦争を仕掛けることを認める。われわれは勝てると思っているからだ。しかしそれはピュロス[*2]の勝利である。われわれの人類進化の過程のうちでも経験したことのない、最も危険な負けを伴うものである。

テロリズムから法のある戦争へ

ここまでわたしはわれわれの暴力について、手短に記述してきた。まずは、法のない、常に危険な時代。この大洪水を、どうやってわれわれは脱出したのだろう。次いで、法の定めのある戦争。次いでまたしても暴力の拡大。無法、テロリズム、アポカリプス……、《世界》に対するわれわれの関わり方も、これと同様に、テロリズムをもって始まったと思われる。先に挙げたように、万人の万人に対する戦争である。この暴力の拡大は、とどめようを知らない。さらに誘拐、海賊、山賊、暴行。盗みといっても相手はない、殺人でありながら敵はなく、暴行のうちに相手は見えない。ただあるのは、無視された受動性と、不在である。法の主体が存在するためには、まず法が必要である。《世界》の法が存在しなければ、《世界》そのものも存在しない。《世界》そのものが、法の主体となることができない。無法のなかでは、違法、暴行、強奪も、それと名指すことはできない。それらは、そのようには現われ得ない。

哲学をする者は、ここで非難の声を上げぬわけにはゆかぬ。この二十年来のわたしは、《世界》に対して、法の主体としての身分を与えることを提唱してきた。これまで所与とされてきたものに、何を与えねばならなかったのか。如何にしてまた何ゆえに、受動的であるものを能動的なものと信じるのか。この新たなる主体が出頭する法廷は、どのようなものなのだろうか。

世界戦争における古き法

戦争を定義するための法廷が必要なこと、その機能について、わたしは既に多くを述べてきた。そしてまた、テロリズムにおいてはそれが存在しないことも述べた。しかし、われわれが《世界》に対して仕掛ける戦争に関しては、それはどこに、いつ置かれることになるのか

最も始めの、普通の、基本的、日常的意味においては、この世界あるいは自然は、一つの広い観念のなかに、日常において出会う状況や制約の全体を包含することになる。次いでそれは客

体・対象の全体となり、科学的知が、これを技術によって試験し、検査し、変形する。『自然契約』と『悪そのもの』以来わたしは、これらを、法の主体として法廷に出廷してもらえるよう提唱している。わたしは自然弁護論を唱えようとするのである。

ラ・フォンテーヌはかつてこのような観念を抱いていた。その寓話のなかで彼は、二度三度にわたり、訴訟契約について語り、この戦争を止める希望のあることを述べている。

ユピテルと小作人、第六巻第四話

古代の人は意図して、われわれ自身に依存しているものと、そうでないものとを、分けて考えていた。科学と技術の歴史のうちには、この必須の区別についての、千年以上にわたる努力が示されている。そこには三つの分限がある。まず第一においては、多くのものが人間に依存せず、われわれに頼るものはわずかである。《世界》はこのように現われる。次に近代になると、われわれは、これらのものの多くの主人となり、所有者となる。次いで最後にわれわれは、今日われわれに依存して存在するものそのものに、依存して存在する。例を挙げよう。まず土地に縛りつけられていて、容易に移動することができなかったわれわれは、次の時代、多量のエネルギーを燃やし、空間を我がものにした。この火を用いての、《世界》に与えた傷のゆえに、われわれは自然と話し合いをせねばならなくなった。これらの行為のゆえにわれわれは今、われわれの支配を自ら制御することを求められている。

ラ・フォンテーヌも、十六世紀イタリアの先人たちも、この三つの契機を予見してはいなかった。しかしその後あまりにも明白なものとなったこの歴史を、彼らは垣間見てはいたのである。熱波、冷害、旱魃、悪天候、好天も寒風も、農民によってもたらされたものではない。幸いなことだ。考えてもみよう。一人の耕作者が神々の法と掛け合いをして、自分の農地の天候を思うように制御することができたとし、冬は十分寒冷にして害虫を殺し、種豊かな春は発芽を盛んにし、明るい夏は果実をたわわに実らせる。一九五五年既に、アンドレ・シーグフリードが言っているように、「気候を主人の如く管理するとは、惑星としての地球の終末である」。寓話作者は農耕者が破綻したことしか述べていない。そして農耕者が今年何を求め、来年に何を望もうと、彼の土地には何も実らず何も熟さず、隣の土地には豊かに実り収穫することを述べている。与えられた気候に適応する方が、自分に都合のよい気候を注文するよりよいであろう。言うまでもない、これら与えられた条件の変化は余りにも複雑であるから、人がこれを有効に制御することなど望むべくもない。これは括弧付きではあるが人々は、学者よりもよく事を心得、薄々気づいていて、「一緒にやってゆくほうがよい」と思っている。

そこで何と、寓話の派手な道具立てのなかにヘルメスが入ってくる。彼は使者であり仲介者であり価格決定者である。それから商談が行われ、いろいろ提案がなされ駆け引きがあり、支払い条件が示される。小作にせよ借地にせよ初めの契約が、ユピテルと小作人の間でなされる。ヘルメスが公証人となっている。話は司法の慣習に従って進む。初めの契約に従って農夫は自分一人で気温を決める。次の段階では、彼は与えられた条件に適応しようとする。これは気候風土の歴史が、法の歴史のなかに入ってくることである。物理的条件が制度の構成運用のなかに加わってくることとなる。わたしはこのような言い方を取っている……。

いまやグローバルなものとなった人類は、寓話のなかであの小作人が体験したことを再体験した。人類はいまや気候風土の何たるかを知り、知の値を知り、気候風土を我がものとすることが、如何なる対価を要求するものかを知った。寓話のなかでユピテルと呼ばれているものを、いま人は、物理的自然、生きている自然と呼ぶ。痛い思いに懲りた農夫は、神の意に従って新しい借地契約を結んだ。気候風土に煩わされずに、今日の人類は、新たにグローバルなるものとなった《世界》との間で、ラ・フォンテーヌの意に叶った二つの自然契約を結ぶようになった。

ラ・フォンテーヌは環境との契約について、慎重に考えながら進んでゆく。同じ巻の第一の話は一人の羊飼いの話である。彼は一人でライオンの王と交渉し、自分の命と群れの動物の命を守ってくれるよう頼む。いま一つは旅人の話であって、彼も自分一人で風と戦うが、暑さとは妥協する。この二つの話の枠は、仕事の場から、気候的、時間的、地域的条件へと移る。その後、先に示した寓話のなかで、小作人は神々の王との間で、季節と農業暦に関する取り決めを結ぶ。わたしはここに再び、グローバリゼーションの動きを見るように思う。そしてそれは三世紀後、『自然契約』へと繋がってゆく。

人間と蛇、第十巻第一話——二重の寄生

ここで人間と蛇が交わす議論は、第一巻に出てくる狼と子羊の議論に似ている。同じ死の宣告があり、それが執行され、裁判はない。

しかしここでは、まったく別の法廷を考えてみよう。そこには牝牛、雄牛、樹木など、植物も動物も出廷し、至るところに寄生して悪を働く人類を非難する。人間は牝牛の乳を吸い、雄牛の肉を喰らい、軛を付けて働かせる。樹木も果実を味わい、木陰に憩い、薪木を切って暖を取る。何の返礼もない。言を待たない。人間の為したこれらの悪について、人間の受けた多くの善きものについて、返礼することはできない。生きとし生けるものが人間に与えたものを、人間は返却することなど不能である。人間は、誰に対しても、何も負うてはいないと思っている。いっさいが彼のために生まれた。四つ足も、人々も、そして蛇も。ここまでくれば、何も学ぶものはない。ただ寄生《パラジット》の極を目の当たりにあるのみである。それに比べてみれば、まだしも狼は、子羊の裁き

において、最終捕食者《プレデター》の役を担っている。

ところでいま一つ、別の面から学んでみよう。寓話は確かに問題となっている悪について、真実を語っている。しかしそれだけでなく、そこから、悪以上の一つのモラルを引き出している。そこには動物たちが登場するが、それらは、社会のなかでの弱者と強者を表している。寓話は、あからさまに叫んでいる。人類があらゆる生き物に寄生していると同じように、貴族は平民を搾取している。常の如くわれわれの関心は、もっぱら政治の方に向かう。それこそが問題なのだ動物も植物もそのためにのみ登場し、かのように退場する。

それは動物について語るものではあるが、実はまったく、社会的目的のために語られている。寓話は、この世界の図式に寄与する。人類が植物界と動物界の全体を搾取する。この世界に寄生する。人間は人間に寄生する。そこに文化がある。文化は自然に寄生し、人間たちもそこに寄生する。ひとたび政治論争となり法廷論争となると、文化は自然を排除し、別の論争は行わない。動物たちはもう俳優として役を演ずることはできず、象徴として現れるのみである。寓話も一つの寄生物となってしまったのだろうか。

わたしは疑う、イソップを。ラ・フォンテーヌ、ピルペイ、[*3]そしてすべての寓話作者たちを、古代史の人も近代の作者も。すべての寓話読者研究者たちに対しても疑いを持つ。みな、動物を、植物を、環境風景を、見ていたのだろうか。観察していたのだろうか。愛していたのだろうか、と。自然を人間関係と人間悪でいっぱいにし、自然を、悪の問題全般のスケープゴートにしていたのではないか。ライプニッツは、神自身もこれに責任があるのではないか、と自問していた。しかし、時の始原から伝わる伝統は、神と人間と同じく動物・植物にも、この悪を背負わせることを続けている。

第十巻第一話「人間と蛇」の寓話に戻ろう。ラ・フォンテーヌの倫理観はまたしてもお偉方を相手どって、愚かしい批判の武器を手に取り、作者の全力をして社会的糾弾にまた階級闘争へと向かわしめる。そうだ、作者はその全生涯を通じて、不正と戦ってきた。その友フーケを生涯牢獄に閉じ込めた不正と戦ってきた彼は、苦しんだ。わたしは理解する。この世界の貴族に対する理の通った批判を理解するのに異存はない。

ところで、まあここで一度くらい、一人の論者に、植物、動物、土地ひいては自然全体に寄与する人間について、明晰かつ高潔な新しい申し立てをする、機会を与えてみてもよいだろう。人間は主人ではない。それは、人の物を掠め取る盗人だ。所有者などでは毛頭ない。単なる居候なのだ。この不正な寄生者をもてなす館の主にも、一言言いたいことを言わせてみるのも、ましてよかろう。社会関係だけに頼った無理な理屈は、愚かに響き、聞こえぬ耳に響き、見えぬ目に描く。冷静に診断しよう。これは人間の集団的自己陶酔に過ぎない。

いや、問題はまったく別の訴えである。もっとひどく、もっと深刻、もっと重大。もっと決定的で、いまこの現代のものである。すなわち、人間とこの《世界》との関係である。それはいったいどの世界なのか。それは、人間たちのいう世間、彼らの人間関係のことではない。それは、人間たちが自分の矮小さを棚に挙げて、自ら領主と信じている、この存在の世界である。事実、このような存在の見地から見る時、われわれはみな賤民であり、ホモ・サピエンスとして生まれたものなのに、《世界》の貴族であるかのごとく生きている。

真の法廷における真の訴えは、ここにある。神について弁論するはるか以前に、人間について弁じなければならぬ。生物界について物象界に遡って、弁論しなければならぬ。自ら神と自負する人間は、蛇が集めた審判員の前に引き出される。牝牛が、雄牛が、樹木が、次々に発言する。厳しい集団である。われわれは人間にすべてを与える。肉を、乳を、労働を、小金を、花を、果実を木材を。人間はわれわれからすべてを取る。われわれの命さえも取る。そして何も返さない。すべての訴えにおいて、すべてが正しい。決を下すのは無論のこと訴える植物たちであり、弁論する動物たちである。ところで、人間は袋のなかに閉じ込めて持っていた蛇を取り上げ、壁に叩きつけ、これを殺す。訴訟と言えるものは何もない。人類はすべての狼にとっても、狼なのである。

おそらくこれは合法的である。法廷で一旦は論じられたのだから。とはいえ、この決定は不正である。ここではまさに、人間の世界に正義のないことが、示されている。そして、それにも関わらず、われわれは毎日、この決断によって生きている。屠殺場に、搾乳場に、収穫の畑に、そして歩一歩と進む種の絶滅のうちに、われわれは生きている。われわれは理性を持って、労働を賛美する。ほとんどの場合搾取と殺しを事とする人々により行われる、労働を賛美する。

ここで為された弁論は、何とも古拙な法廷で、動物たち自身により、行われた。しかしこの訴えは、地の果て時の底から来た、鋭い訴えであり、願いである。ヨーロッパから、アジアから、インドの説話集『パンチャタントラ』、さらには人がものを書くことを知る前から、われわれはその声を、嫌と言うほど聞かされてきたのではなかったか。

しかし実のところ、それはこれまでなかった新しい法廷なのではなかろうか。これからのわれわれになくてはならぬ一つの法が、手探り足探りで動き出したのではなかろうか。それは、われわれが《世界》に対して行う戦争についての決め事を示そうとするものではないか。このような法、このような法廷がなければ、《世界》がテロルに陥ってしまうのではなかろうか。しかし、このような法が布告されても、すぐに争いがやむだろうか。正しいことを言った動物を壁に打ちつけて殺すこの不正こそ、テロリズムというべきではなかろうか。

嘘つき神話の究極の真実

小作人は、超越者ユピテルと掛け合いをすることになる。

法についての論理を脇に置き、宗教と神話についての論理に戻ろう。カミーユの呪い、天の怒りは、火の海をもたらした。愛の剣のもとに死んだ彼女は、まさに人間の暴力の始まりである。彼女の悪罵は、神々に向かって噴出する。何ゆえこのような超越的叫びを上げるのか。

法而上学と神々

その新しきことを誇る人文科学は、自分の思索の他に、ましてや上に、別の段階があるとは考えない。この点、物理学が二千年来、形而上学（métaphysique）を頂いているのとは異なる。結局のところ、この硬い科学《ハード・サイエンス》と呼ばれる新しい科学にとっては、抽象的であって、贋造不可能な概念よりなる、新しい学問分野とされることが、望ましいことだった。その豊穣でありかつ不毛な概念は、狂気、欺瞞、稚拙に満ちた形象を拭い去り、ゼウス、ネプチューン、アフロディテたちは姿を消す。ソクラテス以前からルクレティウスに至るまでの偽の神々を、客観的知識は笑い飛ばした。

物理学の後塵を拝することなく、社会科学は法而上学（*métanomique*）を求めようとはしなかった。何ゆえか。社会科学はそれ自身、贋造不能なものだったからである。これとは逆に、硬き科学は贋造不可能な形而上学を必要としている。硬き科学はそこから自己の限界を乗り越えようとする。考える自由を、補集合を見出そうとする。データバンクを見出そうと努める。その先に転落防止柵があろうとなかろうと、人は狂気になる権利を、誰しも持っている。

ある二つの知の贋造不能性と、贋造不能なメタサイエンスの存在との間には、ある種の微妙な等価均衡があって、前者は後者を推進し、後者を必要としている。とにかく、硬い科学《ハード・サイエンス》と柔らなる科学《ソフト・サイエンス》との間のこの対照は、誰の目にも明らかである。

キリスト教

ルネ・ジラールによれば、キリスト教は、柔らなる科学《ソフト・サイエンス》に欠けているところの、この法而上学的役割を果たすものであると言う。人間文化のなかの虚偽を暴き、神話が虚偽を語り、偽りの神々について語ることを述べ、この宗教は贋造可能性というものを、まさにそのあるはずの場所に指摘した。神話は人々を護るために虚偽を語る、と。この宗教は言う。危機の生ずるたびに神話は作られる。暴力はペストのように果てしなく拡がり、世の終わりまで蔓延する。罪なき人々が罪人とされ、容赦なく無差別に殺される。初めにユダヤ教が、ついでキリスト教が、この虚偽を提示して以来、われわれは際限のない暴力に対して、古代の方法で身を護ることができなくなってしまった。そこで、この世の終焉が再発見され、語られ、叫ばれ、読まれ、いまではある人々は、何と、聖書に書かれ読まれているのだから現実にあり得るのだと言う。

ところで、いまはこれが贋造可能なものとされる。この推論は人間関係にしかあてはまらない。社会科学にしか関わらないからである。《世界》に関するわれわれの関係には関わってくるのか。先に挙げた法而上学的な面については、わたしはいまと言った。人間同士の間の戦争についてはどうか。《世界》との戦争へとこれを一般化することはできるだろうか。われわれの主体的、集団的、関係的な暴力については、そうだと言えよう。しかしキリスト教は、カミーユが語るような、世界的、客体的な脅威については黙して語らない。古代ローマのカミーユは天の怒りを呼び求め、ローマ風な神々の怒りの爆発を願う。すなわち、《世界》の暴力、雷神ユピテル、津波の神ネプチューンの暴力を願う。今日既にわれわれは気候・風土を壊す、その怒りを買ったのではないか、と怖れている。言うまでもなく、これはわれわれの願ったところではないが、われわれの企てたことではある。

天地創造の週以来、神はユダヤ教徒とキリスト教徒に対して、《世界》についての、土地、海、魚、鳥、生き物についての至上の権利を与えた。自然を所有し、その主となるために、デカルトに教わる必要などない。われわれは既に治めている。神から与えられた権利により治めている！　無神論者は言うであろう。われわれはわれわれ自身の手で、この権利、この神からの賜物を得た。企ては成功した。われわれは所有し、支配し、統治し、専有してきた。幾多の暴君に見られるように、われわれはわれわれが治めるところのものに対して、強権をもって治めたという意識は毛頭ない。そのようなものは、われわれにはそうは見えない。これは、主人と奴隷の間の新しい弁証法のようなものであろうか。かつてそのようなものは見たことも聞いたこともなかった。ところが、いまわれわれの前にそれがある。斯く眼前にある《世界》。形相恐ろしく、憤怒に狂い、怒りに燃え、歴史に知られるあらゆる敵より最も強力な敵として現れる。いまや古代の奴隷は、主人の上に立つ主人となって現れたのか。

わたしの多神教

わたしは臆していた。現代人が怒っているのは承知していた。『自然契約』に対しての怒りはよしとしよう。そこでわたしは質問する。原古の宗教が、原始の祭司が、キリスト教以前のあらゆる原古の祭司が……、人間の間のすべての関係について嘘をつくと言うのならば、また集団関係においても一片の真実も含まぬと言うのならば、いま目の前に繰り広げられるグローバルな恐怖の世界を、何と見ればよいのか。われわれは願った。われわれは企てた。われわれは成功した。

われわれは主人となり所有した……。われわれは天の怒りを爆発させてしまった。どんな怒りが落ちてくるのか。

汎神論、多神教……、アニミズム、フェティシズム……、西欧により蔑視されたあらゆる宗教、既に死に絶え、われわれの住むところ、寺院からは消え去り、啓蒙の光に照らされて奇態とされたもの……、例えば古きオリンポスの神々、ユピテルとその雷、ヘパイストスと鍛冶・火山、ネプチューンの津波……、すべて偽の形象。われわれが物理学を真実とする限り、それは偽りであり、社会科学を神聖であり完璧であるとする限り、それは偽りである。しかしこの世の終末と難船がわれわれの上に一度に到来するとしたら、この世の終末はともかくとして難船から身を助けることができたらと願いたい。既に絶滅してしまったこれらの宗教は、二度にわたって人類を救った。始めは法而上学的虚偽、すなわちリンチと犠牲により。そして二度目には形而上的真実、すなわち逆説的なことに偽りの神々、天の怒りという空虚な物神《フェティシュ》によって。

回帰

木の精、ハマドリュアデスは存在する。透明であるにも関わらず。野蛮人がその樹木を切り倒そうとすると、何らかの仕方でこれを防ぐ。人が海神トリトンを恐れていたら、この小さな泉ももっと尊ばれていたことだろう。後にエベレストと名づけられたサガマルタ山。この山の神々は、長きにわたってこの聖なる山を、われわれのもたらす汚物と跋扈する送電線から護ってきたのではなかったか。オリンポスの神々が偽者だ、と言っては嘘になる。少なくとも彼らは現代において、この山の頂まで、われわれ現代人の滑稽なる勝利と見苦しい私有欲とを退ける力を持っていた。このような姿を、われわれは永遠に喪失した。それはわれわれの前進を、妨げるものだったからである。いまわたしは呼びかけたい。いまはもう無益にして狂気のものとなった、われわれの企てを押しとどめるために。

言うまでもない。既にミイラとなった神々を、復活させるのは容易ではない。先にわたしは、ユートピア的賭けをしてしまった。わたしはこの世の終末よりも、難船にかけたのである。いまそこに第二のユートピアを追加したい。何と、それは歴史の進歩である。もしそのような進歩というものがありうるとしたら、それはおそらく、このような夢想を通って生まれるものではなかろうか。

新しき物神宗教

われわれは本当に天の怒りを恐れているのだろうか。そうだ、恐れている。われわれは皆それを恐れはじめている。突然の回帰である。けれども、わたしの方から祈ってそれを求めるほどまで、恐れているわけではない。そうだ、カミーユのように！　わたしは初めの賭けに立ち返り、叫ぶ。わたしの祈りにより燃え上がれ、天の怒り。そして、われわれが犯す恥ずべき闘争から、われわれそのものを護り給え！　と。

われわれが新たに手に入れた諸々の力の、無思慮、傲岸。われわれは天の怒りに火を付け、燃え盛らせた。そうだ。われわれは天の怒りを作り出し、それに形を与え、われわれの手で、労働で、意思で、それを作り出し、それを偶像として掲げた。汚染、温室効果、気候変動……、確かにわれわれはそれを外的な結果として、その害を蒙っている。しかしまたそれは、われわれが引き起こしたものである。確かにこれは《世界》のことである。しかも、それを作り出したのは、まさにわれわれである。それでわたしは読者に一層の注意をお願いしたい。と言うのも、第一のユートピアから第二のそれに移ろうと思うからである。

ここで問題となっているのは、部分的にはわれわれの手により押し進められている力である。そこで結局われわれは、異教徒や多神教徒と同様の状況に戻ってきてしまった自分を発見する。木や鉄や大理石で作られた神々の前に、祭祀を捧げるわれわれである。これらの古き宗教は、今日、部分的には真なるものとなってしまってはいないだろうか。古代の人々は、自分でそれらの偶像を作ったけれども、それらの像が自分たちの如何ともしがたい力をあらわすものであることに、気づいていた。雷を手にしたユピテル、荒海津波を司り銛を持つネプチューン。彼らはこれを二重の存在を持つイマージュとして見ていた。人間として、また神的なものとして、すなわち物神《フェティシュ》として。

危険な物神、守護物神

わたしたちは知らないのだ。不思議なくらい彼らと同じように、知らないのだ。いやむしろ、われわれも知らないのだ、と言うべきか。いまわれわれの前にあるのは、一つの二重の存在である。一種の「大なる物神」(*Grand Fétiche*)、遠き祖先が崇めたものと、あまりにもよく似たものである。それはわれわれにより作られたものでありながら、外からわれわれに対して、挑みかかる。祖先たちの作った物神が、祖先たちの外にある諸力をあらわしていたように。ところで唯一の神については、わたしはその存在を証明することができない。今日わたしが打ち消し難い明証として実体験していること、それは、合理的かつ計算可能な諸々の力を用いて、危険なリスクに対して何らかの実践的決断をしようとする、この技術的な実情である……。わたしは見る。われわれの眼前にこのような恐ろしい偶像が再び現われたことを!。

ゼウスの雷、火と燃えるヘパイストス、ネプチューンの大波。この怪人たちはもうすぐ水兵酒場以外の所でも、自分の子分たちを見つけることだろう……。これらの恐ろしい物神《フェティシュ》は、部分的には人間の手で生まれたものであって、人間に依存し、内在的であるが、同時に超越的なものとして、われわれから独立している。われわれが今日目の前にする《世界》。この《世界》は、原古の物神の様相のもとに存在したかのごとく、すべては運んでゆく。

オーギュスト・コントの体系を二つに分割してみよう。この二世紀の間、実証主義者たちは、その歴史と分類の分野とを保持したが、宗教に関する分野は取り除いてしまった。彼らはこれを体系の衰退として嘲笑した。わたしはふと思い出す、コントはその生涯の終わりごろ、地球を「大なる物神」(*Grand Fétiche*) という名のもとに崇めるよう望んでいたのである。彼がこう語ったのち、いつの日か、この言葉が実証的にも実践的にも正当化されるものであることを、彼は予知していただろうか。

わたしが大なる物神に祈りを捧げることを御存知であろうか。これらの恐ろしい物神は天空の雷により、その火炎により荒波により、人間たちの狂気から、われわれを救ってくれるだろうか。われわれ人間の狂気はもう既に、それだけで黙示録的様相を呈している。《世界》のこの怒りの様相は、半ば真であり半ば偽りであるが、果たしてそれは人間たちの、まさに文字通りの暴力から、われわれを救うことができるだろうか。

言うまでもない。死せる宗教は、戻ってはこない。個別具体的な理性に如何ほど頼っても、それを再び生かすことはできない。けれども、新たなコスモクラシーも現われよう。野蛮な抗争の歴史の流れから、われわれを助け出してくれるかもしれぬ。この黙示録的絶滅から救い出してくれようか。その妄想を捨てよ、と人も言う、しかしわたしは、あえてこれを信ぜず、抗議する。

幹形而上学

さて、幹細胞は自らの内に、長いニューロン、筋肉の弾力的要素、赤血球、白血球を、構成する能力を持っている。人はこれを全能細胞と呼ぶ。これを言い換えれば、潜在的にあらゆる他者になるということである。この種の特性は他にも見出される。一般的な同義のものとしては、全能的なものである貨幣を挙げることができる。それはその暇さえあれば、神にもテーブルにも、便器にもなることができる、代数における x、音楽における音符、アルファベット文字。これらは何通りにも組み合わされ、われわれの意図する意味を豹変させる。それは全体において、同一の機能を持っている。わたしはすべてを言うことができる。すべてを歌える。すべてを演繹できる。すべてを交換できる。すべてを売買できる、と。これは硬い事実である。ところが生はそこに、単調に並べられ単に数えられるだけの記号、とされるものの持つ、柔らなる力を混ぜ入れようとする。その結果、一つの世界が出来る、そこでカードを切ると単一性が無数に現出する世界が出来る。硬きものと柔らなるもの、この多様な混合。このことについては、拙著『改変』[*4]（*Conversions*）において述べる。

何ゆえ、形而上学的（métaphysique）なものと先に述べた法而上学的（métanomique）なものが、その潜在的力、そのコード化の能力、他の何にでもなれるその全能的世界を、合わせ働かせないのだろうか。何ゆえ、元々の選択にこだわり、硬直し、単一の価値にこだわるのか。多種の価値を認める立場に移行すれば、少なくとも柔軟さ、知性、理解、寛容を得ることができるだろう。『自然契約』はアニミズムであるとされた。大変結構なことだ。人はこの書を物神論と誤解するだろう。ますます結構なことだ。わたしとしても科学について語るとすれば、一般の人々と同じように自然を尊重する者とされるだろう。なおのこと結構なことだ。そしてライプニッツとともにわたしは、一般に類推と呼ばれる多元論の立場をとることとした。わたしはこれら四つの見方を受け入れ、すべて支持する。

伝統は、自ら相対主義と呼ぶものを嫌悪し、矛盾のある内容を無自覚に結びつける未発達な思考を、シンクレティズムと名づけて軽蔑する。わたしは自由に思考することを可能にするものであれば、何ものも嫌悪せず軽蔑しない。わたしが見出し、いま身を置く場は、言ってみれば一種の転換軸である。自由な時に、自由な度合いだけ回転し、あるいは転換し、かなり多種の方向に向かい、いろいろな宇宙を理解する。

これが、わたしの言う幹形而上学（métaphysique souche）である。先に挙げた書『改変』（*Conversions*）は、このような可能性を探ろうとするものである。

ところでこの幹細胞は、どこか、細胞而上学的（métacellule）な力を持っているのではなかろうか。代数におけるxと、これらの文字、これら音符、この貨幣というもの、これらこそ、形而上学（métaphysique）が賃料不払いのまま占拠している最上階に、住まわせるべきではなかろうか。それというのも、ここで挙げた、ここで高く位置づけた、その要素から、源泉として根幹として位置づけたその要素から、意味が、言語が、歌が、音楽が、演奏が、計算が、商品交換が、流れ出してくるのである。形而上学は、まったくこのような機能を発揮することができない。したがって、その偉大な地位を居所としてはならない。いま挙げた基本的な見方の一般的等価性を認めぬ限り、それは不可能である。だから贋造不能なるものを扱う限り、われわれは心置きなく前進しようではないか。

わたしの形而上学は、その時万能の水準に到達し、時としてより高き決断にわたしを導く。

グローバル化と目的性

ハンナ・アーレントにならって多くの人々が好んで言う。領域の限定された仕事にのみ、目的があると。能動的で神聖な企てはすべて、正確、厳密、区分、限度、地平の限定……。とにかくグローバル化の社会に入ってこのかた、人間行動はその目的を失っている。

近年われわれは、この明らかな事実を、覆さなければならないことに気づいた。わたしが以前対象としての世界と呼んだものをわれわれが構築しつつある時、われわれはわれわれの世界の諸条件を変え、その進化、その気象、その資源、そこに生きる種の多様性を変え、この惑星を危機に陥れつつある。われわれの行為はますます一般化する。ますます、《世界》を対象化する。その目的とするところは、逆に精密化する。われわれは《世界》を眼前に見る。われわれはそれを企てとして持つ。それはもはやわれわれに与えられた最初の条件として、指し示された終わりとして、現われる。われわれはこれに対し責任がある。われわれはこれを、創造し、再創造する。われわれは理論において、実践において、技術、政治において、人間としての創造活動を見出す。

質問する。われわれはこの《世界》をどうしようというのか。どのような世界を目指しているのか。どんな世界を再創造するのか。この世界のために、どんな人間を作るというのか。諸々の条件を課され、行動に迫られて、グローバル化はその目的を探し求める。そしてそれを、《世界》のなかに見出す。

労働と働労

われわれはずっと働いてきた。少年、木こり、開拓者、油井採掘者、溶鉱炉工員、石工等々。われわれは働いてきた。われわれは讃える。こうして加えられた変形を、これらの仕事を行った人々の功と徳を。このような人間行為が海賊行為であるなどとは、われわれ毛頭思うものではない。ただよく、すべてよし。それが労働だった。それは人間を超越する。罰かもしれぬが、解放でもある。

わたしは、広島の後でこう考えずにはいられなかった。科学というものは、わたしが学校で学んだような、ただよく、すべてにおいてよいものではない。そこには義務の裏付けや、倫理的考察がなければならぬ。何を企ててもよい、と考えてはならない。そのためにわたしは、科学者の誓いと言うべき一文を書いた。ヒポクラテスの医師が心すべきことを書いた例にならったものである。

いま、われわれは労働に関して、猶予期間の問題に直面している。この活動の大きな部分を、停止せねばならないのだ。さもなければ環境が甚大な損害を蒙ることになる。物好きなわたしは、この言葉を引っ繰り返して用いてみては、と思う。この言葉《働労》(*vatrail*) は、過去現在行われている破壊的作業を、修復するところの変形作業である。このような働労の公的な企てが、一日も早く始められることを、願っている。

幕間——倫理小論

暴力、もしわたしがこの一撃を他者に加えなかったら、別の他者が必ずやわたしを撃つだろう。科学において、もしわたしがこの研究を企画しなかったら、間違いなく誰かがそれを企てるだろう。世界において、もしわたしがこの資源を開発しなかったならば、間違いなく何の何某が、この開発を行うに相違ない。このようにして模倣により、暴力と模倣の拡大は広がってゆく。

道徳もこれと並行する。わたしは盗む。わたしは暴行する。わたしは殺す。かの者が間違いなく盗み、暴行し、殺すのだから。隣人が窓から物を投げ捨てるからといって、わたしも通りにごみを捨てる、ということはない。しかしどうだろう。わたしが殺さなければわたしは死ぬ。わたしが計画を立てなければ、わたしは打ち負かされる、としたならば。

道徳とは、このようなリスクに身を投ずるところにある。模倣に抗い、社会的集団的動向に逆らうところにある。敗北と、死の麻酔幻惑に打ち勝つところにある。殺すことによって勝つ者が何を失うのか推し量ってみよう。殺し、暴行し、盗み、破壊し、貶めて勝ちを得る者が、何を失うのか、考えてみよう。例えばテレビ局の社長が、自分の子女に対して、彼自身の制作する番組を見ることを禁じたとする。もちろん彼は、これらの放送が子供のために有害だと思ってのことであろう。そこで彼は自尊心を失わずにいられようか。彼は自分の魂を売ることによって、業界に勝ちを得たいのだろうか。

この道徳はまた、人格に対し、個人に対し、すべてのエゴに対して、呼びかけてくる。わたしたちは自分の周りの世界を一つひとつ獲得してゆく。わたしはわたしなりの尺度で、限られた領域のなかで、グローバルな肥大化の抑制に努める。このエゴは、本書の著者を指すつもりではない。他からの助言を受けてたじろぐことしばしばであった身として、助言など呈し、手本を示そうなどという気持ちはない。肝心なことは、現われるがままの個人のあり方、今日のわれわれの生き方である。少数派のあちこちに散らばる、モナドのように、いまでは繋がりもでき、少しずつ新しいわれわれを形づくりつつある、このわれわれを。連結が集団に、取って代わる。このわれわれはやがて、かの古くも巨大にして残酷なわれわれという革袋を、破砕するに違いない。

法への回帰——争奪と合法的戦争

《世界》というものがあって、その始めに可能的法のあることが考えられる。自然契約は、そこにおいて普通に行われる生産物の略奪行為を、意識をもって行われる戦争に変形させようという、目的を持った。そこに一つの平和を構想することができると考えた。そこではまだ最終的な取り決めは作られなかったが、何らかの最初の条件を作ることはできた。

現在わたしをとらえているのは、併存の問題である。これまで述べてきたように、戦争との併存は、暴力が終わりを知らず拡大し続けることを避けるために、法と共に始められた。まさにわれわれは《世界》との関係において、この始まりの時を生きている。企業活動、金融、経済、労働、搾取等々の拡大……。われわれは時として、これらの活動により諸悪を正すことができるかの如く考えた。しかし誰しも知るように、そこに現われるのは、既にこの書に述べた如く、自ら気づくことなく、巨大な混乱に向けて進んでいるかに見える、われわれであった。

われわれは《世界》に対して、諸々の関係を持っている。このなかで自然的契約というものは、どんな役割を持っているのか。それは、何千年来求められてきたもの、すなわち暴力の拡大を防ぐに適した法を、見出すことである。万人の万人に対する戦争を、始めと終わりのある、限定された抗争に、変えることである。

ここでいまわたしは、ある補足的、決定的かつ積極的な効果を意識する。

人道に対する罪――《世界》に対する罪

先にわたしは、死を身近に生きる男女たちと、そのことを感じないかなり幸せな人々とを区別した。《世界》というものを知らなかった父祖の時とは違い、われわれは《世界》の死を身近なものとしながら生きている。それはわれわれの前に、終末を苦しむものとして現われる。

現代の法は、人道に対する罪という考え方を認めている。あらゆる戦争、あらゆるテロリズムがこのように見なされることを、わたしは望んでいる。非人道的行動とされることを、望んでいる。いま一つわたしの願っていることは、《世界》に対する犯罪という考え方を、法として書き込むことである。

国際法による法廷は既に存在し、非合法暴力、正当化できぬ暴力は、それと認定されている。しかしそれはまだ、人間と人間との間の関係に限られている。そこでわたしは、《世界》に対しての犯罪を認定することのできる法廷を、設けることができればと願っている。われわれの哲学は、文学は、文化一般はみな、人格を尊重する。わたしはそれらの言うところを、何も否定するものではない。しかし、それらが語らず不問に付すところについては、否と言わねばならぬ。それらは宇宙を無視し、その世界がその全体において、既に脆弱なものとなっていることを、忘れている。わたしはこのことを知ってもらうために、わたしの活動の一部を用いてきた。わたしたちの思想のなかに、企てのなかに、行動のなかに、考慮のなかに、《世界》についてのわれわれの見方のなかに、このことを知ってもらおうと努力してきた。

われわれは死を失い、《世界》を獲得した。既にわたしは、死を知らぬ人間というものを定義できぬ人間について、不安を抱いてきた。これからは、《世界》との関連において、人間を定義しよう。世界がなかったからには、世界内存在はなかったのである。

《世界》と共に、現われるのは、それと共に生きる共生者である人間である。しかしまさにわれわれはいま、《世界》の死を生きるのかという、危険に直面している。この《世界》の死という大きなリスクは、人間同士が殺し合うという大きなリスクから、われわれを解放してくれるだろう。わたしは自分の賭けを繰り返す。わたしはユートピアを再び望む。

ああ若き人々。死という重荷を背より下ろし生命を生きる人々よ。あなたがたは《世界》の死という新たな重荷を、下ろすことができるだろうか

補足的かつ積極的な効果

《世界》に対する戦争を定義すること、そしてさらにこの定義に到達する以前に、われわれは《世界》に対してただ単に略奪行為を行ってきたのだ、という事実に気づくこと。この二つの点

について意識することが肝要である。これによってわれわれは、われわれ自身の間の関係を、より明確にすることができる。

そうだ。われわれは、世の終末の時代を生きている。というのも、何千年来われわれの戦争を限定的なものに制約してきた、法を、失ったからである。そうだ。われわれは、テロリズムの危険を生きている。多くのテロ国家、多くの国民の行う、テロリズムの危険を生きている。万人の万人に対する古来からの戦争に逆戻りし、手の施しようのない世の終末の広がりを、生きている。そうだ。人間たちしかおらず、世界がなければ、まさにその通りである。哲学にとって、政治にとって、古色蒼然たる諸制度にとって、まさにその通りである。これはほとんどの無世界論にとって真である。

ところが、われわれの現実においては、われわれの眼前に、巨大な相手が立ち現われる。先史時代、有史時代を通じて出会ったなかで、最も強大な敵が現われる。《世界》の死がそれである。《世界》の死かコスモクラシーか、このうち一つを選ばねばならない。片や、人間の人間による、旧来の政府、片や《世界》による人間の政府。プトレマイオス的転換である。複数の主体が一つの客体の周りを廻る。人間たちが《世界》の周りでロンドを踊る。人間は《世界》に住み、《世界》とともに生き、《世界》とともに事を決める。

われわれは三つの段階を通ってきた。われわれは、死への存在であった。次いで世界内存在となり、さらに、死への世界内存在となった。それがいまわれわれの前に立ちはだかっている。われわれの前とは、どういうことか。われわれとは家族のことか。われわれ、それは政治であるか、社会であるか。地域的な結びつきか。いやそうではない。われわれは、この惑星の住人であるということだ。われわれはこの船の船員である。われわれは、この青い星の宇宙飛行者である。われわれ人類、この新しい世界内存在たちは、一つの《世界》しか持ち合わせない。それはわれわれにとって一つであると同時に、われわれ一人一人にとって生命である。それを失えば、われわれはみなそろってわれわれ自身を失う。《世界》の終末の危機は、アポカリプスを含めてすべての古き戦争を、用なきものとして捨て去り、世界内存在より成る人類を集合する。

警報を伝える叫び。非常脱出口へ！　駄目だ。この難船を逃れるための救命ボートなどない。われわれがわれわれの同類を殺して暗澹としていた時代。この時代の終わりを告げる叫びに続く声。万国の地球人よ（terriens de tous les pays）、団結せよ、《世界》を護るために。

この団結は、既に人の意識の内にある。

法の後、政治が来る。われわれのコスモクラシーを如何に組織するか。それがわれわれにとっての次の課題である。

古来の二者対立のゲームと新しい三者対立のゲーム

戦争、テロリズム、また戦略、協力、交渉、対立、行政、社会科学、政治……。そこにあったのは、そして、われわれにとっていつもそこにあるのは、二者対立のゲームである。人対人の不平等な対立、主人と奴隷、階級闘争、左翼と右翼、北と南、富める者と貧しき者、ネオリベラル個人主義と社会主義的集団主義……。そこには理論があり、哲学があり、政治的実践がある。ところで、これらは、単なる二者対立の勝負に還元し尽くせるものであろうか。両者の間には、人間的なものが残っている。都市が自らその名を上げて政治を争うように。

残酷か、平和的か、殺人か対話か、硬か柔か、二者対立の勝負はまだまだ存続し続けるように思われる。惰性は後を引いてゆく。いやむしろそこでは引きも切らず、世界的な見世物《スペクタクル》が演出され、幻覚にとらわれた大衆を惹きつけてゆく。この本は、そして日々伝えられるメディアは、つまるところ、二者対立の勝負がいずれにせよ見世物《スペクタクル》に、特に死のリスクに変容することを示している。無意味、幻影、陰鬱かつ危険な反復。それは盲目であるゆえに危険である。その場面は、今日その頂点に達する。そしてまだまだ欺瞞の花を輝かせ、遂には死ぬ

次に出てくる課題は何か。受動的なわれわれは受け取るしかない。能動的なわれわれは勝負

に出る。いつもわれわれは理由なしに、意識もなく、勝負する。しかし今度は三者対立のゲーム、人間たちと《世界》との勝負である。われわれは知っているだろうか。われわれは心得ているだろうか。われわれは《世界》のなかで《世界》を生きている、ということを。ああ不心得者！ 現代の哲学も政治学も、これに気づいていないようだ。

　それでも、われわれはそこに住んでいる。それなしには生きてゆけない。彼らは斯程までに戯れた。かつて、そして、いまだに。《世界》を搾取することが、誰の益になるのだろう。二つに分かれて戦う彼ら。しかもその対決が彼らを《世界》に対立させる。この二者対立の戦いはたとえ激しいものに見えようとも、多くひ弱な理想に溺れている。この二者対決は、われわれが第三の相手のあることを忘れ、無視し省みぬとき破壊的なものとなる。この第三者そのものが厳しい現実を暴き出しているのだ。実のところわれわれは、三者に分かれて戦っている。われわれは常にこうして戦ってきた。人間の側は、いつも二陣に分かれていた。しかし、こと惑星に対して立ち向かう時には、両陣は一つになっていた。その一方、惑星は、水、空気、土地、生き物へと分かれた。

　三者対立のこの勝負は、人間の始まりとともに古く、人類進化の営みとともに長い。それは今日、激しい勝負となっているが、これまで、理性的、意識的に行われたことはまったくない。この三者対立のゲームはわれわれの歴史の古びた断片を反故にし、新しい時代を動き出させる。わわれわれは死ぬであろう。今日この時代を、このゲームを変えない限り。
われわれはこのまま手をこまねいて留まるのか。《世界》が死に瀕することなくして、市場はない。自由はない、集団はない、社会主義はない、人間はない。第三者が死ねば共に残るは二者しかない。やがて、忘れられてしまったこの客観的な第三の被害者が、目を覚まし、われわれを威嚇する。

その後この勝負において、誰がこの第三者の位置を引き受けるのか。誰がこれを救うのか。この第三のものを、誰が護り、誰が新たに作るのか。これら三者の間の新たなゲームと、それに関する掟は、如何に合法化され、如何に行われるのか。如何なる政治を推進するのか。いや、如何なる宇宙政策《コスモポリティク》を新設すべきなのか。われわれの新しい時代は、これらの問いに如何に答えるか、その答えにかかっている。再び問う。今日、《世界》の名において発言することのできる者は誰か。客観的な第三の言葉を発する者は誰か。これを一つの発言主体となすことのできる者はいるだろうか。

物語

去る者は、日々に疎しといえばなおのこと、その過去を語り返してみたい。ルネ・ジラールが分析したようなスケープゴートのメカニズムは、人間個人の水準を超えて、《世界》の水準にまで達し、新たな対立勝負のなかで第三の地位を占めるところまで至っているのではなかろうか。新しき物語を始めるために、まず古き物語より始めよう。

さて、寒冷と氷河、荒天、旱魃、高熱と雷、地震……われわれは《世界》とその抗い難き過酷さを、恐れ続けてきた。走り回る獰猛な動物、害虫。有毒な草木がはびこり、地には瘴気が満ち……われわれはすべての悪を、われわれ自身の責任として引き受けた。災害も疫病も旱魃ゆえの飢饉とても……。限りなく、強く、死を求めるその眼前に投げ出されて、われわれは生きてきた。有限でひ弱な死すべきものとして、それに依存して生きてきた。その敵がいまここにいる。われわれはわれわれの実力により、知識により、それを追い詰め、責め立てている。

世界に対する戦争が始まった。われわれは少しずつ硬き道具を鍛え、巧妙な罠を用い、呵責なき《世界》を服従させるための、硬き科学と技術を磨いた。一層また一層、さらにまた、さらによく武備を整えて、弱きわれわれを征服したものに打ち勝ち、代わってその主、その所有者となろうと試みた。幾多の戦闘が交わされ、会戦があり、勝利があった。この戦争は、既に百万年以上も続いている。

ところで近年に至ってわれわれは、一つの事態を作り出すことに、成功したかに見える。それは、われわれに依存していなかったものが、却ってわれわれに依存してしまうようになった、という事態である。水、空気、土地、エネルギー、気候、果ては生命、誕生、苦痛……といったものまで、われわれの思うところに依存している、と言うことである。主《あるじ》として、所有者としての新しい力量の限りにおいて、われわれは、窮地に追い込まれたこの敵－《世界》を、あわや殺さんばかりのところにまで追い詰めてしまった。海は死ぬ。飲み水もエネルギー資源も枯渇し、空気は呼吸すべからざるものとなり、多くの生物種が消滅する。近年われわれは、われわれに頼らざるを得なくなってきたものに、こちらからも頼らざるを得ない羽目に陥ったのである。

この長い物語は、かつて神話が祭祀が犠牲が努めたような、一人の人身供犠を殺すことについて語ろうというのではない。奇しくもそれは、われわれがわれわれの居所をどう扱うか、われわれが《世界》をどう扱うかを並行させて記述している。ところで、わたしが思い描いているいま一つの物語は、古来における供犠の方法が枝分かれして別種の方法が生まれ、人身供犠の代わりに動物が供されるようになり、子羊、雄牛、豚、雄山羊が用いられたことについて、語っている。先に示したところにおいても犠牲は能動性のないもの、物質的なもの、基本的なもの、世界に属するものとなる。犠牲とされる主体は一動物となり、さらには一物体となる。この点を明記しなければならない。

ところで、この並行する物語は、犠牲の図式をもって終わる。今日強力なものとなったわれわれは、ピュロス王の勝利の前夜にいると言おうか。われわれは、歴史全体を通じて、征服者であり、なおかつ犠牲でもあるこの《世界》を、恐れはあるが罪のない、ひ弱な一小神にしてしまった。わたしが現代のエコロジー論者の神と呼ぶものは、大なる物神に過ぎない。すべての犠牲のメカニズムは、人類進化の続く限り、微に入り細をうがって、われわれの眼前で営まれ続ける。いまわれわれは、その終末を生きている。しかもそれを反転し、文字通りの熱烈な礼賛の時を生きている。自然は人間にとって狼である。自然は人間にとって保護者である。恐るべき狼よ死ね。我らを嘉する女神を護ろう。

総括する。先に盲目的暴力の的となり、断罪された強力な敵は、いまや死に瀕し、遂には、神格化された。客体としての世界は、主体としての犠牲と同一段階を通過する。客体は主体に変化する。

この変態は、確かにこの物語のなかで成就する。しかしわれわれはもうこのような様相を見ることを捨て、敵、あるいは犠牲、はたまた小さな神々を捨てて、意識的、積極的、犠牲的に、一人のパートナーを見出すべきではなかろうか。そこから、神話的混沌の闇の内から、三者競合の場が現出する。考えてみれば、二者対立のゲームは彼に対して背を向け、彼は無意識と苦悩の暗黒のなかに、放置されてきたのだった。汚らわしき世界として。

同様にして、古代神話やユダヤ・キリスト教からの批判は、それぞれの物語をもって、われわれの歴史を包み、しばしば説明を加えるであろう。わたしが先に他の著で述べた《大きな物語》、そして特に引用した断章。《世界》という居所で営まれるわれわれ人類の営みの、科学的、技術的、実践的部面には、古代のものが持続され、受け継がれ、われわれの時代に意味を与え、明らかに人類に対して共に生きるための新しい政治的手法を、生み出すことを可能とするだろう。われわれは、いままで誤り辿ってきた道を、この時から改めて辿り直す企てを持っている。

並行するこの物語を建て直し、二者間のゲームを三者間のゲームに変えることにより、われわれは、人文的、社会的と言われる柔らなる科学から、またわたしが法而上学的と名づけたところのものから離れ、硬きものとした科学、技術、物理学、そして形而上学へと移る。そして、われわれの集団の成立、われわれの居所の構築、われわれの知の掟、われわれ人類の進化の将来が総合され、新たな政治が生まれる。

『第三の知恵』〔及川馥訳、法政大学出版局、一九八八年〕が既に、この総合を明示している。この第三の知恵なしでは、われわれは新しい政治を実践することはない。わたくしの著『自然契約』は、客体たる《世界》に法の主体たる定めを与えることにより、司法の見地から、一つの変形とその段階を示したものである。

われわれは、ゲームを変えるのである。

終わりに一言。この物語は、如何に簡潔に語ろうとも、数多くの従属的、構成的要素を、結び合わせ混融している。数々の営為、狩猟、漁労、耕作、牧畜、神話と宗教、コード、科学と技術、経済、法律、政治等々……これらの合した流れを統御するのは難しい。この困難はわれわれに付き纏って離れなかった。しかし今日われわれは、この事態のなかで、この事態に面と向かい、その全体像についての鋭い意識をもって、これを論じている。われわれはこれについて、何らかの直接的あるいは部分的な統合＝積分を行う術を心得ている。《大きな物語》の持続する長さに応じて、われわれはその流れを広げることもできる。

何もかも混じり合わせたこの混沌のなかで、われわれはまだ、何の見通しもなく、身動きもできず、もがいている。この粘体の感触を、わたしは目で見て、感覚する。さらにはその組成をも考える。それは改変可能なものである、とわたしは言いたい。これを鍛錬すると如何なる未来がそこから現われるのか、わたくしにとっては未知であるからだ。

訳注

1 グルーシー（一七六六―一八九七）。ナポレオン麾下の元帥。ロシア宣戦で戦功。ワーテルローにて敗戦。

2 ピュロス。北ギリシア、エピレの王。イタリア遠征に勝利したが、それにまさる大損害を受けた。諺「ピュロスの勝利」。

3 ピルペイ。古代インドの動物寓話集。Panchatantra, Bidpai あるいは Pilpay の寓話とも呼ばれ、五十以上の言語に訳され、ヨーロッパにも広く知られる。

4　管見の限り刊行は確認できなかった。

第六章 《世界》の方舟

わたしは、増大という言葉を二種類用いた。その一つは硬きものの増大、いま一つは柔らなるものの増大である。殺戮により屍の山を積むこと、それはこの世の終末である。これは硬きものか。いやそれ以上に厳しい。一九六二年、国連世界保健機関の行った報告によれば、推定最小値を採るとしても、イエス・キリストより遡ること三千年の時代から数えて今日に至るまで、人類は三八億の死者の上を、浮かび漂ってきたのだという。戦場に横たえられて山をなす屍。誇りをもってわれわれが、われわれの歴史と呼ぶものの残した死者。いま生き延びている人間は、六五億と言われている。この数の半ば以上が、歴史の流れのなかで武器を取って、戦闘のうちに消え去った。われわれは鼠よりも、強く生きている。

過去の恐ろしい屍の山。ますます数を増す屍の上で、われわれは一つの方舟を作る。誰を乗せるのだろうか。

第二の増大――具体的普遍

ほとんどすべてのものが短期的に取り扱われる、株式市場、選挙、見世物《スペクタクル》、現在なされる多くの政治上、経済上の決断。これらはしばしば滑稽であり、時として危険、常に片手落ちで正しくない。すべて落ち着きもなく、回り回っている。

それとは逆に、これからわれわれに関わってくるものは何か。それはただ一つ、われわれを不安に陥れ、あらゆる面で喫緊の、巨大な、そして差し迫り来る課題、すなわち、長期的な問題である。われわれ《大きな物語》の子。われわれは最終的総決算を行う術を心得ている。正確にして厳正な目録を作り、加算、積分、総合的計算を行うことは、われわれの特技となっている。歴史の上でわれわれは、初めてこのような積分を行うことができる者となったのだが、方舟を作ろうなどとは、毛頭思っていない。《世界》をその全体において構成する諸要素についての、この新しい知識は数多く、溢れるばかり、穏やかでかつ豊かである。ところがこの新知識は、死と屍に満ちた硬き大洪水に、ほぼ並行して進んでゆく。

誇大な話をしよう。明日この惑星の上に、出生と死亡を相殺して、何人の人間がいるだろう。地球が出現してから、太陽系の新星によって焼かれ消滅するまで、何十億年かかるのか。現在、耕作可能な土地はどれほどあるのか、如何ほどの生物種が、過去五回の地球物理的大変動により消滅したか。海洋にはどれほど魚が残っているか、ここであそこで、そして全体で、何立方米の水が残っているのか、どれほどどんな病気があり、どれだけの人々がそれに苦しんでいるのか、人間は一人当たり、どれだけのエネルギー、食料、医薬を消費しているのか。何平方キロの氷山群が消えつつあるのか。何千年前から、気候はどう変化しつつあるのか。どんな化石燃料がまだ備蓄され残っているのか、飢えと病いに苦しむ人は何十億いるのか。男女の平均寿命は、ここではあそこでは昨日は、今日、明日には、どうなるのか。どれほどの種の生物が、植物が、動物が、単細胞生物が、いまだに知られずにいるのか、どれだけの人々が、目の前にある豊かさの多くを独占しているのか……。

世界全体に関するデータを扱うデータバンクは、しっかりと機能するようになっている。われわれが折を見て用いることのできるような性能のものも現われ、われわれ自身もこれらの軌道、数字、コードを取り扱う。それらデータを受け取り、発信し、処理し、表示し、それにより可能性の見える計画を立てることができる……。読者よ、あなたも今ここで、これらデータを、あなた個人として、わたしとその他の人々と同様に駆使するのだ。オルディナトゥール〔整頓するもの」とはよく言ったものだ。それは計算と記憶により、具体的普遍とわたしが呼んでいるところのものに、接することを可能にする。現実的なものは、これら諸々の相対的なものの地平にある。

ますます多くの個人、グループ、専門家、行動者たちが、このような相対的な集積、このような大きな作業について、考えられるようになった。この大きな作業こそ、歴史がこれまで考え至らなかったところのもの、現代に特性的なものとされる作業である。わたしの記憶のなかで振り返ってみても、宗教家といい、政治家、学者、哲学といい、すべてのものを具体的に総和しようと努めた者、ましてやそれを総和するまでに至った例を、わたしは知らない。われわれより以前の世代においては、歴史は空間というものを、地域の集まりと考えていた。すべてとは部分の集まりであり、《世界》は諸々の国民の競い合う場、と考えられていた。諸物の全体を見つめることをせず、分類し、配分し、対立させた……。本質的なものは部分である、とされてきた。部分は部分的であり、偏りがあり公平を欠く。対立が生じ、戦争がある。われわれは下位集合のなかに生きてきた。断片と関係を用いて考えた。われわれは財産ばかり蓄積し、伴侶と子孫の数を調べるばかりだった。つい先ごろまで、この惑星の研究を専門とする地理学者さえ、水、空気、エネルギー、生物の種について、相対的な統計を示すことができず、またその必要も感じていなかった。歴史の流れ全体にわたっての総評が、求められなかったわけではないが、あってもそれは短期間についてのものだった。《大きな物語》の超巨大な流れについては、毛筋一本ほどの寄与えすることのできるものではなかった。他の人々は絶望し、そのような知を集合することはできぬ、と考えていた。総和という考え方について、過去の伝統のなかでわれわれに何らかの提案をしてくれたのは、百科全書派と歴史哲学である。しかしここで考察されているのは、抽象的な全体性であって、事実としての全体性について、考察されるようになったのはここ五〇年のことである。普遍的なものを考える時、われわれは形式的なもののなかに逃げ込み、人間というもの、世界というもの、としか考えない。

ところが今日われわれは、具体的な普遍にぶつかっている。H_2Oではない。貯水され、給水されている水、氷山群として大洋として、雨、滴りとして落ちる水の、すべてなのだ。空気といってもそれは、大気圏における空気の果たすべき役割である。土地と言っても農地だけの問題ではない。地球という惑星の、全体と未来が問題なのだ。火の問題にしても、内蔵エネルギーが、環境悪化とごみが、問題となる。生命よりも、種の多様性。人間とは何かと問うよりも、古代人類学、文化、その他の諸活動。われわれの住まう小さな歴史ではなく、《大きな物語》こそ問題である。言い換えてみよう、現実なるものは地平線の彼方からその総和を示している、と。

ここで具体的〔コンクレ〕という言葉について、一言しておく。この言葉は意味するところ正しく、表現もすぐれている。すなわち、共に成長する、付着〔アクレシオン〕して大きくなるという意味である。新聞記者は仕事柄とはいえ、対話者から具体的なことを訊ねたがる。具体的な問いを、うんざりするほど繰り返し、特殊な例、部分的な、偏った正しからぬことを話させたがる。そうすることによって現実に密着取材したと吹聴する。ところがまさにここにこそ、まさにまったく逆に、先に言ったような固定観念がある。部分的であることにより、それはすぐ古臭い過去に帰り、形だけの抽象的、意地の悪い挑発的なものとなる。それは反発を呼び込み、対立に至る。こうして芝居がかりの尋問となる。

違う。まったく違うのだ。具体的《コンクレ》（*cum-crescere*）とは、すべての部分が寄せ集まって、一つの確固としたまとまりとして、成立したことを指している。具体的なものは成長し、先に述べたようなあらゆる計算のなかで、自分をまとめ上げる。如何なる段階においても、それはわれわれにすべてを示し、一つのすべてに向かって進み、偏って正しからざるあらゆる過去よりも、遥かに現実的であるところの、すべてに向かう。過去のこの偏った不正は、われわれの目には抽象的なものと見えるが、固定観念を持つ者にとっては、戦争あるいは死をもって贖わねばならぬほどのものでもある。そうだ。そうなのだ。計算は、進めば進むほど、具体的なものに接近する。このような具体的なものとは、いったい何か。それはまさに、全体性に他ならない。《世界》の、人間たちの、宇宙のそして時間の。

さらによいことに、いまでは皆が、この現実の全体的計算に、この総体的な見方に達することができる。ギリシア語の「パン」（*pan*）という語は、全体性の関わるところでいつも用いられるが、総体的な総和のテクノロジーを、「パンティック」（pantique）とわたしは呼びたい。すべての人が、可能な限りのすべての情報にアクセスできる、というだけではない。それ以上に、すべての人が、すべてに関するこの総和に、アクセスできるのである。わたしはノアと名乗る。君はノアといい、われわれはノアである。われわれは先に挙げた情報に、自由にアクセスすることができるので、国連世界保健機関の報告により、世界の終わりの大洪水の嵩を、知ることができた。それは死者三〇億以上であった。〔神は死すべきものを選び〕ノアはその残りを助けた。われわれは全部を助けるのだ。

すべての人々が、この総和その他の事柄を、知ることができるこの時、われわれは、新たなる民主主義の出現に立ち会っている。諸々のデータ、諸々の全体性についての民主主義〔アクセスの自由〕である。少しずつ、また一つひとつ、人類は、その住まいうる空間、その可能な生命、そして《大きな物語》の時について、知識を得るようになっている。この民主主義は、それらの計算から生み出されながら、それらの計算をも制御する。この民主主義は主体として生まれ、総合の能動的、生産活動として生まれる。しかし同時にそれは、それらの結果でもあって、客体として生まれる。人類は、自分の世界の主体となり客体となる。このような新たなる認識能力は、新しい文化、新しい政治を、出現させずにはいない。市民社会に代わって、個人と人類が後を継ごうとしている。

ここでひとまず想像してみよう。家長ノアでも、デューカリオンとピルラでもよい。ここで方舟に乗るのは、彼らだけではない。皆が彼らについてゆくのだ。一種につき、動物一つがいだけではない。種のすべてが、すべての種がついてゆく。何と柔和、何と大らかなことか。方舟は大型化し、大洪水に負けぬほどの大きさにまでなることだろう。これは硬く、また難い。古来戦争により生ずる死者の数は、増大するばかりである。そしてその戦争は、人間の内に牢固として潜む嫉妬深い分割欲と、具体的なものを部分としか考えない旧来の老醜より来ている。ところが、ここでいまわれわれは、新たな増大に直面する。それは、いろいろな総和を総和しようとする、データの集積である。そしてそれは宇宙へと向かってゆく。宇宙に対して戦争を仕掛けようという者はいるだろうか。

如何なる方舟、如何なる水か

いま一度、形にしてみよう。この世の終末の大洪水は、暴力を示している。それは人間たちの間で増大し、《世界》の創生以来、形定まらぬものである。それはいつも、そして前にも増して、人類を脅かし、地平線に浮かんでくる。これに反して、方舟は変化する。わたしはこの点を、繰り返し強調する。われわれの方舟以前の方舟は、あまりにも狭かった。人間としては一家族、種としては標本一種。博物館、植物園と同様である。このその他というものがあるという考え方は、例証として悩みとして、聖書のなかに見えてくる。

というわけでわれわれは、総和を幾つも乗せることにした。具体的に普遍的なものの総和を乗せることにより、われわれの方舟は《世界》と同等の能力を有するものとなる。少なくとも潜在的には同等となる。こうしてわれわれは《世界》に乗り、《世界》とともに、《世界》のなかをゆく。ところで人類はこの世界を洪水にすることに貢献した。人類は現実の時間のなかで、知識により作り上げた、世界という方舟に乗り航海している。この知識の力は、意識を変えるだろう。《世界》という船を己の家とした人類は、人間関係の上に浮かんでいる。そしてこの人間関係は、しばしば狂ってしまうが、この新しい船により、古来の大洪水も少しは厳しくなくなる、とでも言うのだろうか。

ところで、増え続ける屍　わたしは大方舟の示す総和によって、事の重大さを発見する。言い換えれば、大方舟を構成する総体的情報によってのみ、大洪水の本性を知ることができるのだ。これら全部の情報を吸収し身につけることができたなら、人は大洪水より救われ、乾いた土地を得ることとなろう。

パンティック

わたしが「人類再生」と名づけた断絶。それは計算され実現されたこれらの全体性との、突然の出会い、さらにはそのことを緊急に評価せねばならぬ事態を、意味している。われわれは、すべてと言われるものをこのように考える習慣を、持ち合わせてこなかった。それゆえ、全体的なものに向かって自分を開いてゆくことは、苛酷なこととして、われわれをパニックに陥れる。牧神パンは古代において至るところに恐怖と全体性をもたらす神だった。もはや部分的な理由のために戦うことのできなくなったわれわれは、パニックに陥るのか。われわれはテロルを捨て去ることを恐れるのか。この新たな状態からいま生まれた苦悩は、牧神パンが再び生まれたことから来ているのか。知っての通り、パーンは西暦紀元の始めに死んでいたのに。全体性の出現によって、再び新たなパニックに直面するのか。

すべてについてのこの新たなる知、すべてについての学、全領域においての実践が、ほとんど至るところ、賢明な頭脳や行動のなかで生まれている。そして遠からず、新しき政治の中心になるに違いない。政治はいまだに、部分に拘泥する者、偏狭な部分に偏る観念論者の手の内にある。古い城郭に護られてある。詰まるところ戦争のなか、法のなか、テロリズムのなかにあって、無法のためにある。わたしがかの人々を観念論者と言うのは、次のような逆転を行うからである。すなわち、かつて人は、現実ならぬ大きな全体性を空想する夢想家を、蔑んでこう呼んでいた。しかし近頃われわれはこの名を、過ぎ去った自己の立場にしがみつくことのみ願う、老いたる者にのみ当てている。戦争など、まったくしたことがない。いまでもしていない。ただ国境や区分線に囲まれた、閉じられた利己にしがみつくだけの者。現在のわれわれは実直な個人と《世界》とを、交わりとしている。

通常の政治は現在でも、この同じ条件のもとにあって、閉じられたものとなっている。自己に偏して奇態な、何事にも短期であることを優先させる社会は、われわれをして、全体を見ないという大きな危険に晒す。これとは逆に、われわれはやがて、物理科学と人文科学により操作され、さらにすべての直観により把握された、統合＝積分法を中心に据えてわれわれの組織を作るであろう。そうなるとわれわれの伝説は嘴を研ぎ、爪を削って、われわれの調査に抵抗するであろう。われわれはまだ、歴史によって空洞化され、人類再生の過程で受け継がれてきた分割法に従って考え、行動している。種族と種族を距てる障害、言語、宗教、国民文化は様々であり、その特性や関心は少なくともばらばらであり、度が昂ずれば対立となる。われわれは差異＝微分的にのみ行動し考える。統合＝積分が必要とされる場合でさえ、われわれは差異＝微分の哲学をもって対処する。差異＝微分が戦争を行わせる。

ところで、いまわれわれを包み込んで押し流す、グローバリゼーション。それとて何のことはない。古色蒼然たる競争原理、力の原理、弱肉強食以外の何物でもない。動物界について考察されたダーウィニズムが社会に適用され、このことそのものが、われわれを二〇世紀の大崩壊に引っ張ってゆく。いま一度訊ねる。誰が勝つのか。答え。われわれのうちの誰でもない。それは《世界》なのだ。

個人の文化と政治

いま、かなり広い範囲の女性・男性の間に、自分の出自を、文化を、言語、さらには宗教を抽象し、度外視することのできる個人が増えている。先にわたしが指摘した観念論的、イデオロギー的、党派的利益に惑わされて、自らの統合＝積分法を誤らせないよう、心する人々が、増えている。先に問題とした総和というものについて考えようとする頭脳がそこにある。

既にわたしが繰り返し述べたことであるが、現在では連結的なものが集団的なものに取って代わってゆく。われわれは集団的なものをよく理解したことはなく、現実的に制御できたこともない。ところが、連結的なものは毎日実践している。隣人との新しい空間のなかに、われわれは生きているからである。われわれは連結を作りながら、至るところで独自に連結の道を引いてゆく。われわれは人格と人格が相対する宇宙を航海している。われわれは、人格対人格の宇宙を建設する。論理学における同様、固有名詞は、一つの普遍なのである。

これらの全体的総和、この統合＝積分的目録は、個人に関わると同様《世界》にも関連している。目録作りを事とし、殻に閉じ籠もる現代の政治は、またまたエゴをもって始める以外にない。しかしわれわれは各々、手中に総合を持っている。他者の助けを借りることなく、総合の何たるかを知り、それを処理し取り扱い、やがてそれを自分のものとする。自分がそこに連結することにより、総合を広げ変化させることもできる。これら具体的なる普遍はわたしを経由して世に出る。世界化（mondialisation）の時代を知らす鐘は、個人成立の時代とともに鳴り響く。わたしは、自分を結びつける。故に、わたしは普遍となる。すなわち平和となる。

道化再来

文化について、定義し直してみよう。それは特殊であり、閉ざされている。また、統合＝積分されているが、混ぜ合わされている。ここに一つの島があり、それを取り巻く群島がある。その周りは万華鏡の海があり、いろいろな経験の混在する大気がある。文化の人間（*uomo di cultura*）とは、他に等価のもののない、かけがえのない個人と定義されるだろう。しかしそれは、敷衍させれば多文化である。孤立した種族といえども、独自の自意識を持ちながら、多孔質という言葉の示すように外からの要素の浸透を受け入れる。確かにわれわれは、個々の孤立したオリジナルな文化の弱点を保護しようと努める。われわれは、それら個々の文化が《世界》に対して、そのメッセージを伝え続けることができるよう、望んでいる。われわれは転がる石に生える苔をも、育てようとする。

わたしは、わたしの内に文化に関わる二つの体を持っていて、これを一つにまとめている。その第一は、わたし独自の原型であって、島に喩えられる。第二のそれは、言語、慣習、諸々の芸術、その他言い表し難いものに至るまで、第一の好むところによって育てられたものであって、これらを、わたしの頭のなか、胸のなかに共生させる。その外見にも関わらず、縫い合わされ継ぎ合わされたこの二つの体の間には、何の矛盾もない。なぜなら、わたしが他の諸文化を愛することができるのは、それに浸ることができるのは、自らの文化を深く知り、それを実践しているからに他ならない。

物を総和することのできる者、それが人間の総和を得ることのできる者である。しかしそれはどのようにしてか。人間の本性というものは、抽象されたところでしか普遍的なものとならない、と言うのであろうか。もしそうであるとしたら、わたしは、自分のなかに、人間的条件を何一つ見出さない。しかし、この世のイメージに従って、わたしは道化の衣裳を身につける。雑多な彩り、混じり合い、縞が並び、むらになり、ぼやけ、ぼろになり、ところどころ破れ、裂けたもの。

縫い繕い、接ぎ繋げて。

わたしは「お情け錨」の酒場に向かって走る。まだ制服を着けている水兵たちに、服を着替えるよう提案するために。

第七章　再び乗船

再び逆戻りしてみる。公安警察が警棒を持って護送車から降りる直前、突如出航のラッパが鳴り響く。乱闘していた者がいま、あらゆる言葉で、「非常脱出口」へと叫ぶ。水兵たちを最も動揺させる二つの船出。その一つは絶望の船出。そしていま一つ、希望の船出。振られる拳、踏まれる足も止まる。乱闘はやむ。「お情け錨」のなかは、みな石像のように動かなくなった。ある者がふと、魔女セイレンの奇妙な泣き声を聴いた、と言う。霧笛が聴こえたという者、鐘の音が響いたという者もいる。ともかく、出航のラッパは、みなの喜びのうちにすすり泣いた。

無帽のまま水兵たちは、外に出て、波止場に立った。夜明けの空はまだ灰色に沈み、水平線は紅の帯となって広がる。そこで彼らは見た。目の前に係留されている異様な船を。舷側は空中に高く、そこには十本ものタラップが下がっていて、異様な風体の群衆が、船のなかに吸い込まれてゆく。キリギリスとアリ、鳥と狐、後になり先になりして、靴直し、銀行家、ライオンと羽虫、ロバと犬、柏と葦、山とネズミ、先に立ち、後になり、二人の老人。それはフィレモンとボーシスか。遥か後ろには裁判官、病院看護師と、一人ゆく修道僧、どこまで続くと思われた行列も、ここで終わると見えた。先に乗船した者たちは既にそれぞれの場にくつろぎ、マストドンは、サーベルのような歯をした虎と話している。いとも和やかである。巨大な羊歯の陰から、エヴァがルーシーに対してカンブリア期の大爆発について語り、これに対してルーシーはビッグ・バンの話をする。その脇で、ビールに喉を潤すギルガメッシュは、クストー[*1]船長とエコロジーを論じている。

方舟は《世界》の縮図である。そこに《世界》が入ってきた。多種多様な住人たち、その移り変わり。水兵たちは感動し、最後まで行列を見送った。そして、彼らは知った。街そのものが、その城跡が、酒場も周囲の家々も、港も波止場も、地球が、土地が、漆黒の夜が、その星座が、海が、岸が海水が、われわれの乗ったこの船を、そっくり取り巻いてしまっていたことを。宇宙は自らのうちに、自らを巻き込んでしまっていた。

さあ、みな一緒だ。こうしてみな共に、同じ船に乗り出航した。

訳注

＊1――ジャック＝イヴ・クストー（一九一〇―一九九七）。フランス海軍軍人。深海海洋研究者。

訳者あとがき

二〇一四年八月四日、朝。わたしはベルギーの、ある地方都市に滞在していた。西の方は薄曇りながら、涼しく晴れた空だった。朝食をすませたわたしは、近くのスーパーまで行くために、外へ出た。新聞を買いに行くためである。

大体わたしは、新聞というものを買ったことがない。そのわたしが、何故その朝に限って新聞を買いに出るのか。大きな理由が、ただ一つあった。二〇一四年八月四日は、第一次世界大戦開戦の百周年記念日である。この年のヨーロッパではかなり早くから、この戦争を回顧検証しようという活動計画が、数多く企画されている、と聞いていた。実を言えば他でもない。この夏のヨーロッパ訪問の主たる目的は、現在の西ヨーロッパの社会が、この百年前の戦争を、どのように受けとめているのか、それを目で見、肌で感ずることに他ならなかった。

いくつかの新聞を手にとってみた。どの新聞にも、百年前の月日付や全紙面の写真版が数枚そえられていた。スポーツ紙さえ、何かの関連記事を載せていた。その日に始まった戦争だから、まだ戦闘の報告はなかった。しかし、本日の新聞でこの開戦の記事のなきは、新聞にあらず、と言ってまだ言葉足りぬ、気迫が感じられた。

同年十二月八日、わたしは東京で、再びいくつかの新聞に目をとおした。そしてわたしは慄然とした。この社会は、あの戦争を忘れたいと強く思っている。柔和なおとなしい笑顔のなかに、まことに日本らしくつつましく、それを無きものにしてしまいたいと思っている。宗教者は祈りに心を捧げ、政治には口を出すな、という声さえ聞こえる。わたしは背に冷たいものを感じながら、この本の訳稿を進めた。

形ばかりながら一応、ミシェル・セールの略歴について述べておこう。彼は、南西フランス、ガロンヌ川沿いの都市、アジャンに生まれた。一九三〇年、デリダと同年である。生家は水運業であった。中等教育をこの地で終えた彼は、一九四七年、ブレストの海軍士官学校に入学した。海軍には二年間在籍し、四九年退籍した。その後二年間の準備修学期間を経て、エコール・ノルマル・シュペリエールに入学し、五五年大学・リセ教授資格（アグレジェ）を得た。当時この最エリート校ではマルクス主義の活動が最盛を極め、それになじめぬセールは全く孤独であったという。

その後はバシュラールに師事し、フーコーを友として研究に励んだ。

ちなみに、彼が取得した卒業・教授資格は、バカロレア二種（基礎数学、哲学）、学士号三種（数学、古典文学、哲学）、エコール・ノルマル・シュペリエール・アグレジェ二種（文系、理系）と、多彩である。

一九六〇年にはアカデミー・フランセーズ会員に推挙され、二〇一〇年にはレジオン・ドヌール・グラン・ドフィシエ勲章を受けている。
大学での教育活動としては、一九六九年より、パリ第一大学パンテオン・ソルボンヌで教える他、クレモン＝フェラン、コレージュ・ド・フランスで教え、アメリカでもスタンフォード大学やジョンズ・ホプキンス大学などでも長く教授をつとめている。

セールの書は、高度に難解なことをもって知られている。外国には、これを散文詩と賞するもののある一方、翻訳不能とする向きもある。本書においても、言葉・概念によってはその内包外延が広く多義にわたっているので、いくつかのキーワードについて老婆心ながら、把握の糸口を示しておきたい。

第一は、法という言葉である。社会活動のなかで法といえば、日本語においては、確固たる司法制度・法典である。しかしセールにとって土台となるのは法の発生過程である。この発生をごく簡単に示せば、①人間と人間の出会い、②互いに相手を認知、③互いに通用するルール（平等、不平等は不問）、④相対的に広い範囲で長期にわたりこのルールが施行され、しきたりと認められ、⑤慣習法、⑥成文法となる、という過程である。一つの慣習法が成立するために如何ほど多くの時を要するかは、想像に難くない。

次に《大きな物語》（le Grand Récit）という言葉を考えてみたい。セールは歴史という言葉をあまり使わない。歴史といえば、それは、人間集団の戦い、殺人の記述分析である。地球上における人類以前からの自然と共になされた営為の全体を考えるとき、歴史という言葉は小さいもののように見える。《大きな物語》と名づけする彼の気概は、興味深いものがある。

ところで、《世界》(le Monde)という言葉も人をまごつかせる。グローバリゼーションというものは、地球の私有化を目論むものであることが明らかになった。これまで、そして現在でも、人類は、自然を世界を、切り取り取り勝手放題なものと認識してきた。しかし今では人類の行う自然破壊に対抗して、自然が地球が、地球を取り巻く自然界が、反抗を始めている。

なお、本書の原書には、セール自身が作成したものかどうかは不明だが、セールの既刊書目録と共に、「既刊書における人間と《世界》との出会いについて」と題されたテクストが掲載されている。これもまた紹介しておこう。

知――『第三の知恵』においては、《世界》についての諸科学、すなわち硬き科学と、人間についての諸科学、すなわち柔らなる科学の結びつきを説いている。

法――『自然契約』は、人間と《世界》との間に成り立つ、共約について述べる。この両者は、法の上では、共に主体である。

文化と持続――《大きな物語》は数巻にわたって、人間が《世界》にどのように対処しているかを述べ、個々の小さな物語を次々に語る。

実践――『悪そのもの』によれば、《世界》は人間ひとりのものではない。それは万物の共有する財産であろうから、私有してはならない。汚し壊すことがあってはならない。

平和と宇宙政策《コスモポリティク》――『世界戦争』では、いまだに不平等な状態にある二種類の人間、《世界》と、《世界》との間の、三者対立のゲームと定義される。

現代――『人類再生』から『世界戦争』においては、人間と《世界》との新たな出会いが、ほとんど時を同じくして次々に展開される。今日われわれは、初めて、そして意識をもって、大きな時の渦を生きている。幾千年と数えられる人類の歴史の時、その前に幾百万年というヒト科の時、そして何百億年を超す地球の年代記。これらすべてが渦をなしている。新たな時のために、新しい時計を持たねばならぬ。

本書をこの時期に刊行することができたのは、ひとえに法政大学出版局と編集部の前田晃一氏のご協力のおかげと、心より厚く御礼申し上げる。

先輩よりさきごろ頂戴した言葉をもって、結びとする。

平和は、わたしたちが「つくりださなければ」（マタイ五章九節）、「ない」のです。

二〇一五年六月

秋枝茂夫

著者

ミシェル・セール（Michel Serres）

1930年フランス南西部のアジャンに生まれる．海軍兵学校，高等師範学校を卒業．数学，文学，哲学の学位を取得．58年からクレルモン＝フェランの文学部で教鞭をとり，ライプニッツ研究で文学博士となる．69年からパリ第1大学教授として科学史講座を担当．数学，物理学，生物学の研究に加え人類学，宗教学，文学などの人間諸科学に通暁する百科全書的哲学者としてフランス思想界の重要な一翼を担い，科学的認識と詩学とを統一的な視野に収め，西欧的思想の限界に挑む．90年からアカデミー・フランセーズ会員．邦訳された著書に，『火，そして霧の中の信号 ── ゾラ』，『青春 ── ジュール・ヴェルヌ論』，『自然契約』，『パラジット ── 寄食者の論理』，『天使の伝説 ── 現代の神話』，『ローマ ── 定礎の書』，『アトラス ── 現代世界における知の地図帳』，『小枝とフォーマット ── 更新と再生の思想』，『人類再生 ── ヒト進化の未来像』，『白熱するもの ── 宇宙の中の人間』，『カルパッチョ ── 美学的探究』（以上，法政大学出版局）など多数．

訳者

秋枝茂夫（あきえだ・しげお）

1931年生る．54年早稲田大学文学部卒業．64–67年ベルギー政府留学生としてルーヴァン大学高等哲学院に学ぶ．68年早稲田大学大学院博士課程修了．横浜市立大学教授を経て，同大学名誉教授．ベルギー国 王冠勲章オフィシエ章佩綬．
訳書：カイヨワ『戦争論』，ピアジェ『教育の未来』，モラン『二十世紀からの脱出』（以上，法政大学出版局）など．

《叢書・ウニベルシタス　1030》
世界戦争

2015年8月6日　初版第1刷発行

ミシェル・セール
秋枝茂夫 訳
発行所　一般財団法人　法政大学出版局
〒102-0071 東京都千代田区富士見 2-17-1
電話03(5214)5540 振替00160-6-95814
組版: HUP　印刷: ディグテクノプリント　製本: 積信堂

Printed in Japan

ISBN978-4-588-01030-9